LÓGICA, COMUNICAÇÃO E ARGUMENTAÇÃO JURÍDICA

SÉRIE ESTUDOS JURÍDICOS: TEORIA DO DIREITO E FORMAÇÃO PROFISSIONAL

Margarete Terezinha de Andrade Costa

Rua Clara Vendramin, 58 . Mossunguê . Cep 81200-170 . Curitiba . PR . Brasil
Fone: (41) 2106-4170 . www.intersaberes.com . editora@intersaberes.com

Conselho editorial Dr. Ivo José Both (presidente), Drª Elena Godoy, Dr. Neri dos Santos, Dr. Ulf Gregor Baranow ▪ **Editora-chefe** Lindsay Azambuja ▪ **Gerente editorial** Ariadne Nunes Wenger ▪ **Assistente editorial** Daniela Viroli Pereira Pinto ▪ **Preparação de originais** Letra & Língua Ltda. – ME ▪ **Edição de texto** Mille Foglie Soluções Editoriais, Monique Francis Fagundes Gonçalves ▪ **Capa** Luana Machado Amaro ▪ **Projeto gráfico** Mayra Yoshizawa ▪ **Diagramação** Iná Trigo ▪ **Designer responsável** Iná Trigo ▪ **Iconografia** Regina Claudia Cruz Prestes

Dados Internacionais de Catalogação na Publicação (CIP)
(Câmara Brasileira do Livro, SP, Brasil)

Costa, Margarete Terezinha de Andrade
 Lógica, comunicação e argumentação jurídica/ Margarete Terezinha de Andrade Costa. Curitiba: InterSaberes, 2021. (Série Estudos Jurídicos: Teoria do Direito e Formação Profissional)

 Bibliografia.
 ISBN 978-65-5517-998-9

 1. Argumentação forense 2. Lógica 3. Persuasão (Retórica) I. Título. II. Série.

21-59645   CDU-34:16

Índices para catálogo sistemático:
1. Argumentação jurídica   34:16
Cibele Maria Dias – Bibliotecária – CRB-8/9427

1ª edição, 2021.

Foi feito o depósito legal.

Informamos que é de inteira responsabilidade da autora a emissão de conceitos.

Nenhuma parte desta publicação poderá ser reproduzida por qualquer meio ou forma sem a prévia autorização da Editora InterSaberes.

A violação dos direitos autorais é crime estabelecido na Lei n. 9.610/1998 e punido pelo art. 184 do Código Penal.

Sumário

11 ▪ *Apresentação*

Capítulo 1
15 ▪ **Comunicação jurídica**
18 | A palavra no discurso jurídico
27 | Linguagem jurídica como instrumento de persuasão
44 | Teoria da comunicação jurídica
50 | Funções e níveis da linguagem jurídica
58 | Enunciação e discurso jurídico: texto, contexto e intertexto

Capítulo 2
65 ▪ **Argumentação jurídica**
67 | Introdução à lógica
82 | Direito como um sistema lógico
91 | Lógica e realidade: conceitos fundamentais
97 | Proposições
102 | Estrutura lógica e argumento
108 | Formas de argumentação jurídica

Capítulo 3
115 ▪ **Português jurídico**
117 | Gramáticas da língua portuguesa
119 | Variação linguística

122 | Estudo da norma culta
201 | Regras de funcionamento da escrita

Capítulo 4
215 ▪ **Texto jurídico**
217 | Vocabulário jurídico
228 | Semântica jurídica
233 | Construção do texto jurídico: organização dos parágrafos
239 | Modalidades de texto no português forense: dissertação, narração e descrição
247 | Elementos normativos
256 | Coesão e coerência textuais

265 ▪ *Considerações finais*
267 ▪ *Referências*
273 ▪ *Sobre a autora*

Dedico esta obra a duas mulheres que marcam o início e a continuação de minha vida: minha mãe Yvonette, a mulher mais forte que já conheci, e minha filha Tamiris, a mais corajosa.

Agradeço à Coordenação, aos colaboradores e aos colegas professores do Curso de Direito do Centro Universitário Internacional Uninter, pela parceria na busca da melhor formação acadêmica ofertada aos nossos alunos.

Em especial, ao professor doutor André Peixoto de Souza, pelas indicações de melhoria desta obra.

Apresentação

O ambiente jurídico é, historicamente, o território de uso da norma culta formal; por conseguinte, aqueles que direta ou indiretamente trabalham com o direito necessitam aprofundar-se nas modulações da língua portuguesa no âmbito da comunicação, da lógica e da argumentação jurídica – categorias essas que se entrecruzam e se completam.

Entender a complexidade dos usos da língua em um percurso de mudanças constantes exige estudos aprofundados, principalmente em situações que demandam precisão, como se verifica no universo forense. E, para utilizar a língua como ferramenta de atuação, instrumento que auxilia a convencer o magistrado a respeito dos direitos da pessoa, é necessário dominar principalmente estratégias expositivas para o convencimento e a adesão de julgador. Daí a necessidade do estudo da comunicação, sobretudo voltada para a argumentação jurídica e sua estruturação lógica.

Elaboramos esta obra para os estudantes do curso de Direito, em especial para os que estão começando sua jornada acadêmica. Por esse motivo, este livro foi estruturado com uma linguagem simples e clara, com intuito de aproximar os universitários de Direito do efetivo uso da língua portuguesa. Portanto, nossos principais objetivos são levar o leitor a conhecer os mecanismos do discurso jurídico, estudar a argumentação jurídica básica, entender o português jurídico e aprofundar o texto jurídico para seu uso cada vez mais eficaz.

No Capítulo 1, apresentamos o cerne da língua, que é a palavra. Em seguida, qualificamos a linguagem jurídica como instrumento de persuasão. Ainda, abordamos a teoria da comunicação, a função e o nível da linguagem e, para finalizar o capítulo, a relação entre texto, contexto e intertexto.

Por sua vez, no Capítulo 2, examinamos os fundamentos da lógica formal e informal, a relação lógica do direito, alguns conceitos fundamentais da lógica jurídica e as formas de argumentação. Tais conteúdos são basilares para o bom uso da língua no universo jurídico.

Já no Capítulo 3, evidenciamos as regras de uso da língua. Para tanto, refletimos sobre as gramáticas da língua portuguesa e o estudo da norma culta e suas variações linguísticas. Destacamos, também, as regras básicas para consulta, pesquisa e estudo da norma culta.

Por fim, no Capítulo 4, analisamos o texto jurídico, iniciando com o vocabulário e a semântica jurídicos. Na sequência, tratamos das diferentes tipologias textuais e, ainda, da coesão e da coerência textuais.

Não há como negar que o domínio da língua portuguesa sempre foi um dos requisitos do bom advogado e dos operadores do direito. Também não há como conhecer a língua sem exercitá-la na busca do domínio e aprimoramento constante. Para isso, o estudo e a pesquisa são fundamentais, pois somente com dedicação é que haverá progresso no aprendizado dessa disciplina tão importante, a fim de expressar-se com clareza, objetividade e precisão.

Não temos aqui a intenção de contemplar todo o universo sobre lógica, comunicação e argumentação jurídicas, pelo contrário, organizamos esta obra com o objetivo de mostrar um caminho para maior aperfeiçoamento, como uma sinalização do que precisa ser firmemente apreendido e, principalmente, a fim de dar subsídios para a constante necessidade de estudo sobre o assunto.

Bons estudos!

Capítulo 1

Comunicação jurídica

A comunicação é o elemento articulador de todas as relações humanas. Essa relevância decorre de duas razões bastante claras: (i) em contexto amplo, a necessidade de interação com o outro; (ii) especificamente no ambiente jurídico, as faculdades da comunicação de buscar e fazer justiça em situação real de uso, principalmente na condição de operador do direito – que se configura, portanto, como um ser humano em prática. À vista disso, o domínio da língua permite àquele que a estuda uma compreensão contextualizada dos processos comunicativos, promovendo a superação da improdutividade social, característica contrária às qualidades do profissional do direito. Nesse sentido, a comunicação é o ponto de partida e o ponto de chegada do processo de viver em comunidade de forma justa.

Nós, seres humanos, fazemos uso da linguagem a fim de exteriorizar nossas ideias e sentimentos, ao mesmo tempo em que abstraímos representações mentais da realidade que nos rodeia. Trata-se de um caminho duplo: (i) de fora para dentro e (ii) de dentro para fora.

Figura 1.1 – Potencial duplo do uso da linguagem pelos seres humanos

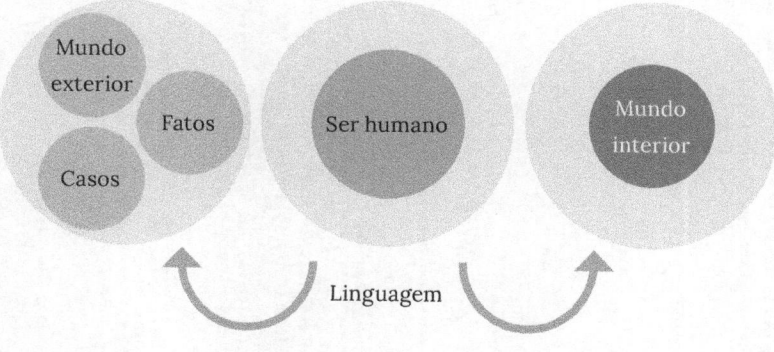

Seja para o ser humano mais simples, seja para o orador jurídico mais experiente, a palavra é um instrumento útil para organizar e representar suas vivências, percepções e relações. Portanto, para o operador do direito, o bom uso das palavras é sua representação.

Maria Helena Chauí, em seu livro *Convite à filosofia* (2004), cita a obra *Política*, de Aristóteles, na qual o filósofo afirma que o ser humano, e somente ele, é um "animal político" dotado de linguagem e, com isso, é plausível sua existência social e política. Para Aristóteles, os animais têm voz (*phone*) para expressar dor e prazer, mas somente o ser humano faz uso da palavra (*logos*) e, por meio dela, manifesta bondade e maldade, justiça e injustiça.

Aristóteles

Aristóteles (384 a.C.-322 a.C.) foi um filósofo grego e um dos fundadores da filosofia ocidental. Dedicou-se a estudos de lógica, que prestaram adequados resultados para a argumentação, para a linguagem e para a escrita filosófica até os dias atuais. Além do sistema filosófico, abordou várias áreas do conhecimento, como geometria, física, metafísica, botânica, zoologia, astronomia, medicina, psicologia, ética, drama, poesia, retórica, matemática e, especialmente, lógica.

Na mesma obra, Chauí (2004) informa que, para Platão, a linguagem é um *pharmakon*, termo grego que significa "remédio", "veneno", "cosmético". Portanto, segundo o filósofo, a linguagem poderia ser: um medicamento para o conhecimento, o qual seria aprendido com os outros; um veneno que nos faz aceitar o que os outros dizem; ou, até mesmo, uma maquiagem que pode ocultar uma verdade. Alerta-nos, assim, que a linguagem, por meio de seu encantamento, pode ensinar ou enganar. Compete a nós fazer o melhor uso de tal ferramenta tão importante. Cabe acrescentar que Câmara Júnior (1970, p. 24) garante que "falar é um ato social", dando ao operador do direito a principal ferramenta para atuar na sociedade.

Sendo o ser humano um ser político e social, a comunicação é ferramenta dada e desenvolvida como aparato de evolução. Nesse cenário, a linguagem é um instrumento político por meio do qual, em uma prática social básica, criam-se normas e regras reguladoras da vida social, espaço em que o direito desempenha seu papel.

Outro ponto importante a ser considerado com relação à linguagem é que ela está presente nas relações de poder e hegemonia. E, para estar preparado para tal embate, é preciso ter o correto domínio da linguagem.

— 1.1 —
A palavra no discurso jurídico

O direito é a ciência da palavra, estuda o uso dinâmico e zela por seu bom uso. Assim, é impossível pensar na área jurídica sem associá-la ao estudo das palavras e suas relações para a construção do discurso jurídico.

A palavra é a ferramenta de laboração dos seres humanos. Por meio dela, são compartilhados, desenvolvidos e conhecidos os pensamentos entre os diferentes pares sociais. O domínio do correto uso da palavra ocorre durante o desenvolvimento pessoal somado ao ambiente educativo. Ressaltamos que o campo da palavra não se resume ao conhecimento de regras gramaticais, sintaxes e vocábulos; em verdade, ele envolve o uso efetivo da língua como articuladora de pensamentos, argumentações e construções mentais.

Com o emprego dinâmico da palavra, o ser humano desenvolve as capacidades de criar símbolos, pensamentos, julgamentos, reflexões e comparações. Do mesmo modo, amplia formas de organização e representação das experiências de mundo e facilita a integração com seus semelhantes pela exteriorização da construção do pensamento; isso tudo, respeitando as diferenciações socioculturais, geopolíticas, econômicas e individuais.

No universo jurídico, a palavra é o instrumento-base para as relações funcionais. Dessa forma, os operadores do direito precisam ter o domínio do correto uso da palavra. De tal modo, aquele profissional que demonstra mais habilidades no uso da linguagem consegue se destacar entre seus colegas do direito. Tal proposição comunga com as ideias de Bakhtin (1992, p. 41), que afirma que a linguagem está indissociavelmente atrelada a sua natureza sócio-histórica: "as palavras são tecidas a partir de uma multidão de fios ideológicos e servem de trama a todas as relações sociais em todos os domínios".

Assim, buscar na formação dos acadêmicos de Direito modos de ampliar a articulação da palavra é imperioso; afinal, são estas junturas que "possibilitam extrair de um pensamento outros pensamentos mais complexos, e destes outros mais ainda, criando assim, uma rede interminável de relações intelectualmente montadas, a fim de se construir os saberes e culturas individuais e coletivas de cada estudante" (Costa, 2012, p. 7).

Na área do ensino jurídico, Ataíde Junior (2003; 2004) expõe muito claramente essa preocupação:

> Uma das maiores deficiências que pode ser atribuída hoje no ensino jurídico no Brasil é justamente a de não habilitar o bacharel ao adequado uso da palavra.
>
> Mas como dominar a palavra?
>
> Certamente não é coisa simples. Trata-se de todo um processo educacional que tem como ponto de partida a formação do hábito de leitura. (Ataíde Júnior, 2004)

A superação de tais dificuldades não se resume à leitura acadêmica, voltada ao entendimento de determinados conceitos pontuais, mas envolve também a leitura como um todo, leitura interpretativa de vidas, de fatos e acontecimentos.

Portanto, aos estudantes de Direito incumbe saber que o principal objetivo de uma boa comunicação é a transmissão clara e objetiva de uma mensagem. Ao mesmo tempo, tal comunicação tem de ser democrática, isto é, deve ser acessível a todos, mantendo-se, porém, em conformidade com os parâmetros legais. Ressaltamos que a palavra e seu uso argumentativo estão diretamente relacionados com o poder. Desse modo, como mediadora entre o poder social e as pessoas, na palavra reside a eficácia do direito; e é por meio da palavra que o operador do direito aconselha e negocia.

Figura 1.2 – Ações mediadas pela palavra

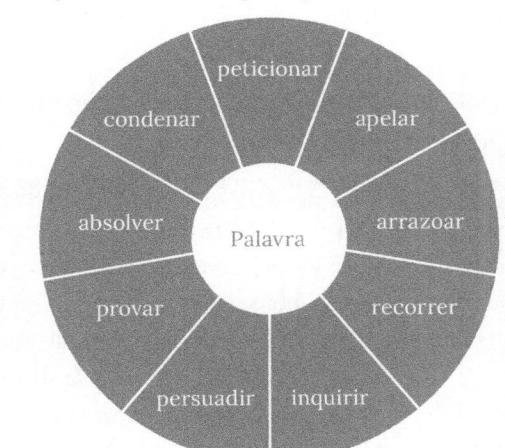

Portanto, deve ficar claro aos graduandos de Direito que não basta fazer uso da língua para atender às necessidades triviais de comunicação; é preciso usá-la com precisão no exercício da profissão, conforme as sutilezas semânticas, as conotações próprias e o conhecimento da norma.

— 1.1.1 —
Definições básicas para o estudo da comunicação jurídica

Para dar início a nossos estudos, algumas definições precisam ser clarificadas. E nada melhor que a investigação em um bom dicionário para esclarecer as dúvidas. Vamos buscar as definições em dois respeitáveis dicionários on-line gratuitos: o Dicio (2021) e o Michaelis (2021).

Quadro 1.1 – Definições básicas da comunicação em Dicio (2021) e Michaelis (2021)

	Dicio	Michaelis
Comunicação	Ação ou efeito de comunicar, de transmitir ou de receber ideias, conhecimento, mensagens etc., buscando compartilhar informações.	Ato que envolve a transmissão e a recepção de mensagens entre o transmissor e o receptor, através da linguagem oral, escrita ou gestual, por meio de sistemas convencionados de signos e símbolos.
Fala	Ato ou faculdade de falar.	Capacidade ou faculdade, própria do ser humano, de expressar ideias, pensamentos, emoções etc. e de comunicá-las com palavras (signos verbais).
Palavra	Capacidade que confere à raça humana a possibilidade de se expressar verbalmente; fala.	Unidade mínima com som e significado que, sozinha, pode constituir um enunciado; vocábulo.

(continua)

(Quadro 1.1 – conclusão)

	Dicio	Michaelis
Língua	Conjunto dos elementos que constituem a linguagem falada ou escrita peculiar a uma coletividade; idioma: a Língua Portuguesa.	Conjunto de palavras ou signos vocais e regras combinatórias estabelecidas, de que fazem uso os membros de uma comunidade para se comunicar e interagir; idioma.
Linguagem	Sistema organizado através do qual é possível se comunicar por meio de sons, gestos, signos convencionais.	Faculdade que tem todo homem de comunicar seus pensamentos e sentimentos.

Depois de ler e analisar tais definições, concluímos que a **comunicação** envolve os atos de transmitir e receber mensagens; estas são materializadas na **fala** (mas pode ser também pela escrita ou por outro recurso que se baseia em outros signos que não a palavra, como os sonoros e os iconográficos) individual de cada ser humano e com uso de **palavras**. A convergência entre a língua, sistema de signos utilizada em determinada comunicação e a fala compõem a **linguagem**. Esta, por sua vez, é o produto da fala e de outros elementos, como sons, gestos, gráficos, signos, para exprimir os pensamentos e sentimentos.

Cabe aqui esclarecer o que é um **texto**, conceito que, muitas vezes, é associado a um conjunto de palavras organizadas em frases impressas em um suporte físico ou digital, como uma página, um livro ou um documento. No entanto, um texto extrapola essa noção; ele pode ser composto por linguagem oral ou visual, isto é, em vez do uso da palavra, ele pode ser composto de sons, cores, formas ou imagens, desde que tenha sentido e uma intencionalidade comunicativa. Dessa forma, uma placa de trânsito ou a luz de um semáforo são considerados *textos*.

Na Figura 1.3, a seguir, esquematizamos como se articulam os conceitos relativos ao processo comunicacional.

Figura 1.3 – Articulação entre os conceitos basilares da comunicação

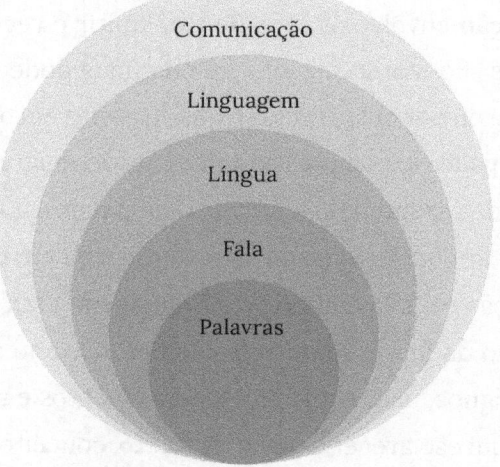

O esquema evidencia que a linguagem corresponde a um universo mais amplo que a língua, pois esta usa signos de determinada comunidade, compreendendo vários outros enunciados e

códigos. A língua envolve a fala e as formas de representação da linguagem, que articula a língua por meio do uso das palavras, aprimorando-a. Segundo Ferdinand de Saussure (2012), a fala é caracteristicamente humana; já a linguagem não.

A linguagem pode se apresentar de diversas formas. A divisão básica é: linguagem **verbal** e **não verbal** (o termo *verbal* aqui remete a "palavra". Quando são utilizadas as duas formas concomitantemente (e isso é muito comum), a linguagem é classificada como **mista**.

Figura 1.4 – Linguagem verbal e linguagem não verbal

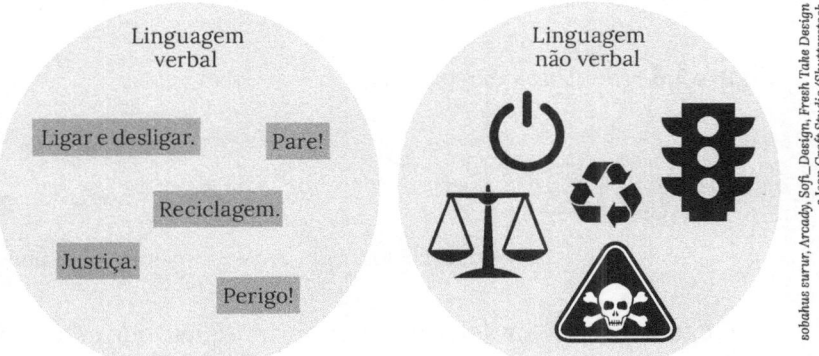

Um sinal de trânsito usa os três tipos de linguagem: a verbal, a não verbal e a mista. Uma luz vermelha, por exemplo, indica "pare", mas também há placas somente com imagens. Outras mostram uma imagem e um texto, como ilustrado a seguir.

Figura 1.5 – Linguagem mista

Por sua vez, as palavras podem ser utilizadas no sentido **denotativo** ou **conotativo**, conforme indica a Figura 1.6.

Figura 1.6 – Sentidos das palavras

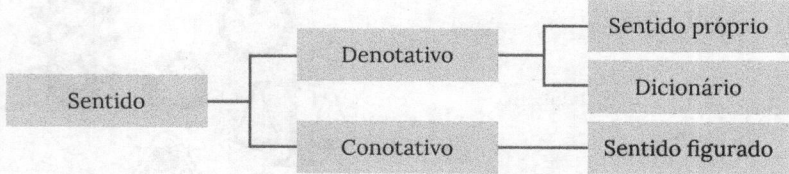

Quando usadas em seu sentido próprio, aquele que está conceituado em um dicionário, as palavras são denominadas *denotativas*. Assim, *gato* seria um felino. Já quando usadas em sentido figurado, são chamadas de *conotativas*. Ainda tomando como exemplo o termo *gato*, este poderia ser entendido como uma pessoa bonita do gênero masculino ou como um ladrão. Portanto, a conotação, diferentemente da denotação, não tem sentido fixo, dependendo do contexto de uso.

Cabe aqui ressaltar que, no universo jurídico, a palavra tem valor e significado próprios, muitas vezes distintos dos utilizados cotidianamente. Logo, conhecê-las e fazer uso eficaz delas exige um estudo apropriado e denso. Faremos isso no Capítulo 4.

— 1.2 —
Linguagem jurídica como instrumento de persuasão

A linguagem é um processo de comunicação entre interlocutores que fazem parte de uma interação comunicativa; ela é um produto da atividade humana resultante da influência mútua entre os seres humanos e entre estes e a natureza. Desse modo, ela tem uma função dupla, pois é produto e resultado do intercâmbio; podendo ocorrer de forma inconsciente ou consciente, espontânea ou intencional. De acordo com Carvalho (2008), a linguagem pode ser classificada em diferentes tipos, conforme expõe a Figura 1.7.

Figura 1.7 – Tipos de linguagem conforme Carvalho (2008)

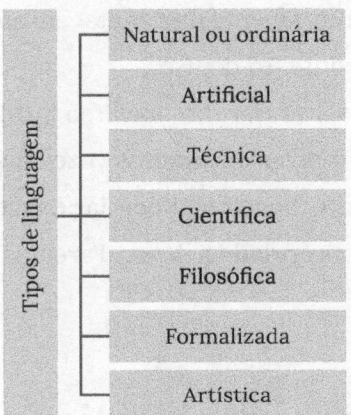

A linguagem **natural**, ou **ordinária**, é a mais comum entre os seres humanos, e é utilizada de forma espontânea, sendo aperfeiçoada constantemente pelos seus utentes, seres de natureza social, como ocorre com a língua portuguesa e com qualquer outro idioma. Pertencem também a essa categoria a comunicação estabelecida entre animais e, até mesmo, entre vegetais.

A linguagem **artificial**, por sua vez, é utilizada entre seres humanos e máquinas ou entre um dispositivo e outro, sendo muito comum no universo computacional.

A linguagem **técnica** utiliza palavras e expressões do universo científico, aumentando, assim, o grau de determinação. Muito semelhante é a linguagem **científica**, que visa esclarecer e explicar os termos utilizados buscando a precisão de seus significados. Exemplo disso são os textos doutrinários. Ela caracteriza-se por indicar com exatidão a situação que descreve, sendo também isenta de valoração.

A linguagem **filosófica**, também natural, é aquela que reflete e intenta explicar o mundo, utilizando, para isso, um vocabulário próprio.

Por sua vez, a linguagem **formalizada**, ou **lógica**, busca, em sua estrutura, o estudo das relações no campo sintático, oferecendo somente uma acepção. É composta por símbolos artificialmente constituídos: as variáveis e as constantes. As variáveis são propriedades que têm diversas medidas ou enumerações.

A linguagem **artística** expressa valores estéticos e sensoriais, trabalha com sentimentos e emoções. Utiliza a palavra de forma variada, de modo a expressar o valor estético desta e modificando-a de acordo com as circunstâncias e os desejos do artista.

Tais considerações permitem inferir que a linguagem e a consciência humanas são inseparáveis, uma vez que os seres humanos são os animais que usam a linguagem para expressar pensamentos, memórias, imaginação e desejos de forma complexa e, com isso, desenvolvem os mecanismos superiores da consciência. Daí surge uma forma de diferenciação entre os seres humanos e os outros animais: a intricada intencionalidade comunicativa por meio da utilização da linguagem.

O uso da linguagem pelos seres humanos é incomensuravelmente mais complexo do que em outros animais, porque, ao usar representações, ela ultrapassa os limites da percepção sensorial e abstrata para a elaboração de conceitos, conclusões e normas que espelham as relações postas, registrando memórias e, assim, acumulando e repassando conhecimentos. Podemos afirmar, até mesmo, que o adequado entendimento dos fenômenos ocorre pela preexistência da linguagem.

Para representar a realidade, são convencionados os **signos**, e estes correspondem a determinado significado. Para Saussure (2012), a língua é em conjunto de signos arquitetada pela conexão do **significante** (imagem acústica) e do **significado** (sentido).

Um *signo* é uma unidade com sentido. Ele é divido em significado, que é o conceito, e significante, que é a imagem acústica.

Figura 1.8 – Signo, significado e significante segundo Saussure (2012)

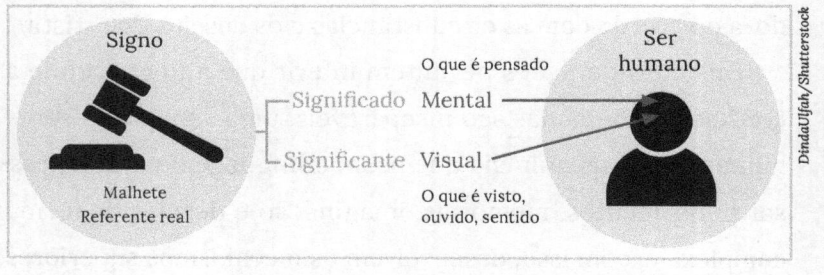

Malhete é um símbolo da justiça, é o martelo de madeira do juiz.

Outro ponto importante de construção humana, como já frisamos, é o uso da palavra, esta pode ser definida como um sistema sonoro e/ou gráfico que carrega sentido quando articula palavras de forma coerente.

— 1.2.1 —
Linguagem jurídica

A linguagem jurídica volta-se, especificamente, ao fenômeno forense, no qual normas, proposições e discursos judiciais somam-se ao ato da linguagem, daí sua denominação: *normativa*. Trata-se da linguagem das leis, utilizada como regra, padrão, modelo. Ela carrega importância significativa, visto que é a linguagem empregada por juristas, profissionais do direito e pessoas comuns.

O direito é edificado com palavras, e com elas a comunicação jurídica também é fundamentada de forma prescritiva ou descritiva. **Prescritiva** porque é fundamentada no teor da norma e, com isso, ordena, determina, regulamenta; ao mesmo tempo em que, ao ser **descritiva**, caracteriza traços constitutivos de uma pessoa, um objeto ou um espaço, submetida aos valores de verdade e de falsidade correspondentes à lógica. No entanto, a característica mais acentuada da comunicação jurídica é ser normativa, utilizada para coibir, autorizar, abonar, afiançar, negar uma competência.

A linguagem jurídica apresenta nível sintático, semântico e pragmático, conforme especifica a Figura 1.9.

Figura 1.9 – Níveis da linguagem jurídica

Sintático
Relações formais entre si.
Semântico
Relações de significado entre as normas e as condutas.
Pragmático
Relações significantes com os usuários do discurso.

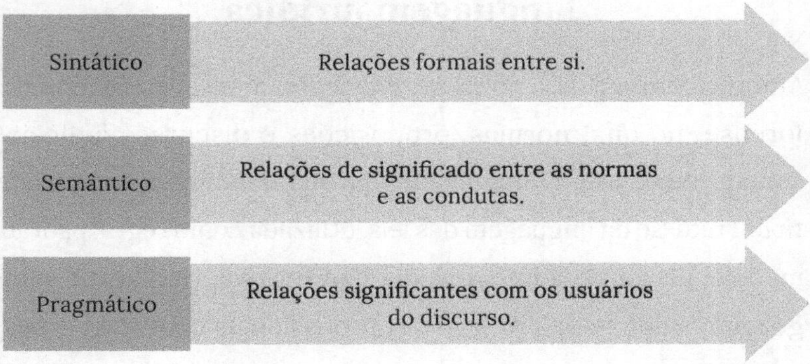

Esses níveis não são utilizados de forma separada, mas simultaneamente, e tal conjunto compõe o todo da linguagem. Na Figura 1.10, demonstramos como ocorre a relação entre eles.

Figura 1.10 – Relação entre os níveis da linguagem jurídica

Pragmática:
falantes
Semântica:
objetos designados
Sintaxe:
signos

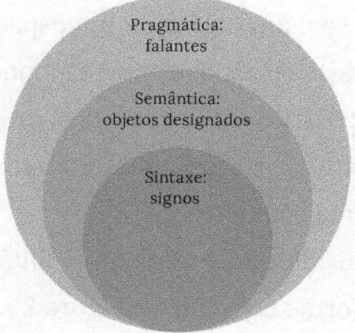

Tal separação é posta didaticamente para que o estudante da língua conheça as partes que precisa dominar para compor a comunicação de maneira cada vez mais eficaz.

Portanto, cabe ao advogado saber equilibrar o uso da linguagem coloquial e da jurídica, de modo a promover a justiça social, possibilitando seu entendimento conforme o sentido normativo da lei por meio do exercício hermenêutico, que interpreta textos legais para dar sentido e compor uma comunicação eficaz. Reforçamos que a **hermenêutica** é um artifício interpretativo voltado para a compreensão de um texto, ou seja, é uma atividade de interpretação.

— 1.2.2 —
Persuasão

Persuadir significa "convencer por meio da argumentação". Mais do que isso, é fazer o outro acatar uma tese, demonstrando a capacidade de fazer alguém mudar de opinião. Na persuasão, para a conquista da opinião de outrem, são utilizadas tanto a maneira de empregar a língua quanto o tipo de linguagem adequado a cada situação, além do uso da palavra somada à linguagem corporal. Muitas vezes, o mais importante não é o conteúdo que é transmitido, mas como isso é feito. Cabe ao enunciador escolher a melhor forma argumentativa em cada caso específico.

A persuasão já era usada desde a Grécia Antiga por Aristóteles (1982). O filosofo deliberou três categorias para que haja um discurso persuasivo, os quais estão expressos na Figura 1.10.

Figura 1.10 – Categorias do discurso persuasivo segundo Aristóteles (1982)

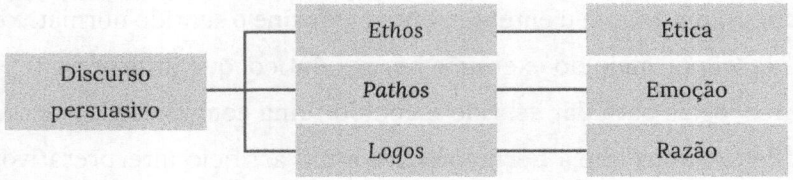

Com o ***ethos***, o locutor manifesta confiabilidade de que seu argumento é válido, visto que usa apelos éticos. Para Aristóteles (1982), os requisitos para seu uso são a competência, boa intenção e empatia. Também há uma relação com a autoridade sobre o que se está discorrendo.

O ***pathos*** demonstra que o locutor tem preocupação com as necessidades de seu público (ou interlocutores) despertando emoções. A compaixão, o amor ou o humor são estados emocionais que propiciam o convencimento e, se usados de forma sábia, atuam em favor do emissor.

O ***logos*** prova a legitimidade intelectual do orador que usa apelos lógicos. O uso de recursos lógicos na organização do conteúdo e dos argumentos utilizados pelo emissor são fundamentais na persuasão. A comprovação de uma tese com argumentos sólidos e consistentes é irrefutável.

A linguagem persuasiva recorre a construções sintáticas mais apropriadas para se atingir determinado objetivo. E isso é feito de modo subjetivo. Por exemplo, o uso da voz passiva desassocia do sujeito a ação do verbo; as frases impessoais, que não têm sujeito e são normalmente conjugadas na 3ª pessoa do singular afastam da mente do interlocutor a percepção de quem agiu em determinada situação. Essas são algumas estratégias utilizadas para tornar o texto mais convincente sobre determinado aspecto de um fato.

O processo de construção da linguagem jurídica volta-se claramente para a persuasão. Para isso, lança mão de alguns elementos subjetivos, entre eles certas construções sintáticas e **uma seleção vocabular apurada, a fim de se atribuir maior confiabilidade aos fatos narrados**. A linguagem jurídica pode se valer dos recursos linguísticos listados no Quadro 1.2, a seguir.

Quadro 1.2 – Recursos linguísticos*

Voz passiva	Retira do sujeito a ação do verbo.
Frases impessoais	Não têm sujeito, e, em regra, os verbos são conjugados na 3ª pessoa do singular.
Tempo	Organiza os fatos cronologicamente ou não, dependendo da intenção do emissor.
Terceira pessoa	Afasta o narrador dos fatos, dando um ar de objetividade.
Tempo verbal composto	Apresenta aspecto de algo já realizado.

*No Capítulo 3 desta obra, estudaremos mais detalhadamente cada um desses itens.

A organização desses subsídios deve manter uma linha de raciocínio lógico e coerente. Certas estruturas gramaticais passam a ideia de um discurso legítimo, neutro e impessoal, e a persuasão ocorre com a aproximação do que é apregoado na lei com os fatos nos quais as pessoas reais foram envolvidas. Bellenger (1987) elenca alguns elementos que sustentam a persuasão (Figura 1.11).

Figura 1.11 – Elementos persuasivos segundo Bellenger (1987)

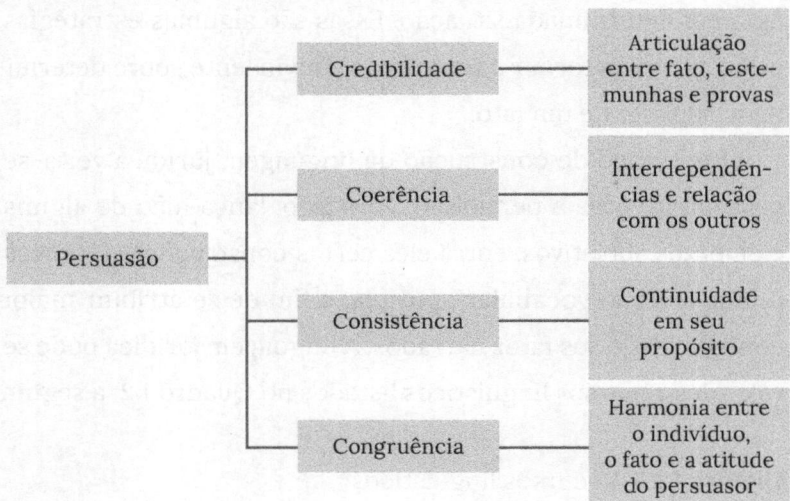

Uma tese que demonstre credibilidade com consistência e que tenha coerência e congruência tende a defender plenamente uma ideia de um ponto de vista, ou um questionamento acerca de determinado assunto.

É possível alcançar pleno êxito no exercício persuasivo. Para isso, usam-se estratégias de comunicação empregando recursos lógicos, racionais e simbólicos. Alguns são simples, como fazer um elogio ao auditório antes de expor uma tese, usar o nome do interlocutor a fim de se criar certa empatia, repetir trecho da fala do interlocutor para estabelecer uma sintonia comunicativa, usar o pronome "nós" no lugar do "eu" para se conectar ao interlocutor. No entanto, há também recursos mais elaborados e necessários no discurso jurídico.

Garcia (2012) apresenta alguns procedimentos que fazem parte do convencimento sobre uma verdade proposta:

- **Fatos** – São inquestionáveis, visto que é a coisa realizada. Eles podem ser:
  - acurados – observados diretamente;
  - adequados – proporcionais ao contexto;
  - relevantes – imperativos para o contexto;
  - típicos – próprios de determinados contextos;
  - suficientes – regulares com a verdade;
  - fidedignos – verdadeiros.
- **Indícios** – São indicações da realização de um fato, não são exatas, mas servem para se construir um raciocínio

Assim, a argumentação usa da persuasão para convencer por meio de razões, provas e raciocínio coerente. Isso ocorre também mediante o uso de mecanismos argumentativos, entre eles os recursos da linguagem persuasiva, quais sejam:

- **Modo imperativo nos verbos** – Trata de pedido, convite, exortação, ordem, comando, conselho ou súplica, expressos de forma que o outro realize uma ação: "vá", "venha", "fique", "faça" etc.
- **Alusão ao mundo conhecido do público** – Referência a fatos conhecidos na tentativa de aproximar a linguagem ao destinatário da mensagem.
- **Morfemas argumentativos** – Conectivos, partículas inclusivas, exclusivas e de retificação: "logo", "portanto", "assim" etc.

- **Figuras de linguagem** – A língua, conforme aludimos, permite que se utilizem palavras e expressões em seu sentido figurado. Isso torna o texto um pouco mais interessante, dependendo do contexto em que a estratégia é empregada. O uso de termos no sentido conotativo é denominado *figuras de linguagem*. Eis algumas delas:
    - **Hipérbole** – Apresentação de uma ideia por meio de expressões intencionalmente exageradas. Por exemplo: "Morreu de tristeza".
    - **Catacrese** – Introdução de sentido diferente do original por falta de um termo próprio. Por exemplo: "pé da mesa", "leito do rio", "mão de direção".
    - **Comparação** (ou símile) – Aproximação de ideias diferentes por meio de conexões comparativas ("como", "tal", "qual", "assim como", "semelhante a" etc.). Comparar duas coisas por suas qualidades: "Ela é fria como gelo"; "Ele gritava como um trovão".
    - **Metáfora** – Comparação sem o uso de ("como", "igual a" etc)termos comparativos *como*, *igual a*, entre outros. Por exemplo: "um olhar de águia" (ou seja, como metáfora, seria "um olhar como de uma águia").
    - **Metonímia** – Substituição de um termo por outro que apresente algum tipo de relação:
        - autor pela obra: "Leu Machado de Assis" (leu as obras de Machado, e não o Machado).
        - continente pelo contido: "Tomou um copo de água" (tomou a água do copo e não o copo).

- parte pelo todo: "Ele é um sem teto" (teto é parte de uma casa).
- efeito e causa: "Construiu a casa com seu suor" (com seu trabalho).
- produto pela marca: "Usou Bombril" (esponja de aço).

- **Perífrase** (ou antonomásia) – Substituição de um nome próprio por um nome comum. Por exemplo: "O rei do futebol faz aniversário" (rei do futebol, na frase, equivale a Pelé).
- **Sinestesia** – Associação em uma mesma expressão de sensações percebidas por diferentes órgãos do sentido. Por exemplo: "O doce saber do beijo".
- **Assíndeto** – Supressão de conjunções. Por exemplo: "Ele viu, chamou, matou, saiu".
- **Polissíndeto** – Repetição das conjunções. Por exemplo: "Ele viu e chamou e matou e saiu".
- **Elipse** – Omissão de um termo da oração. Por exemplo: "Ele faltou à audiência e aos seus deveres" (faltou aos deveres).
- **Pleonasmo** – Repetição de um ideia para intensificar o significado, o mesmo que redundância. Por exemplo: "Chorei um choro".
- **Silepse** – Concordância que se faz com o sentido das palavras:
    - de número: "A plateia assistiu e aplaudiram o réu".
    - de pessoa: "Os brasileiros somos honestos".
    - de gênero: "Vossa Excelência está atrasada".

- **Antítese** – Confrontação de ideias opostas: "Tristeza não tem fim, felicidade sim".
- **Eufemismo** – Suavização de expressões chocantes. Por exemplo: "Ele partiu dessa para melhor".
- **Paradoxo** (ou oximoro) – Reunião de ideias totalmente opostas. Por exemplo: "A vida é uma morte diária".
- **Prosopopeia** (animização ou personificação) – Atribuição de características humanas a seres inanimados. Por exemplo: "O dia nasceu".

A argumentação se associa com a persuasão e sempre há uma intencionalidade subjacente a todo e a qualquer discurso, visto que não existe enunciado que seja neutro. Uma prova disso é o uso de modalizadores, assunto sobre o qual versaremos na próxima seção.

— 1.2.3 —
Modalizadores

O discurso jurídico tem como foco o convencimento; sendo assim, não há possibilidade de uma narração ser imparcial ou isenta de opinião. O advogado, ao elaborar seu discurso, pode eximir-se do encargo pelo qual pronuncia; todavia, ele sempre estará a serviço de um interesse. Dessa forma, o texto que ele produz carrega em si intencionalidades, e estas são expressas pelos modalizadores.

Para a organização do texto, empregam-se proposições, que são sentenças que declaram algo e, portanto, são unidades básicas dos argumentos analisados pela lógica. A proposição delineia o teor de uma asserção, que pode ser verdadeiro ou não. Na qualidade de sentença, a proposição é composta de sujeito e predicado, aos quais os modalizadores se referem.

Os modalizadores são mecanismos discursivos que demonstram uma posição quanto a um fato, exprimindo as atitudes do emissor a respeito do que enuncia. Eles demonstram a intencionalidade do locutor por meio de **marcas textuais**. Estas ocorrem por um elemento gramatical ou lexical com o uso de advérbios, adjetivos, determinados modos verbais ou estrutura frasal.

Os **advérbios** remetem a circunstâncias ou ideias de tempo, intensidade, lugar, modo, afirmação, negação e dúvida. Eles expressam a parcialidade do enunciador, pois são excelentes termos portadores de sentido. Por exemplo, a locução adverbial de negação "de modo algum" implica na interpretação de que não foi possível determinado acontecimento. Na frase "Ele entrou com cautela (ou cautelosamente)", o advérbio (ou a locução adverbial) demonstra que a intenção do sujeito era cuidadosa.

Os advérbios podem apresentar:

- assertividade – evidentemente, certamente, sem dúvidas;
- dúvida – talvez, possivelmente, provavelmente;
- restrição – quase, juridicamente, tipo de, espécie de;
- obrigatoriedade – necessariamente, obrigatoriamente;
- afetividade – sinceramente, francamente, lamentavelmente.

Analise a diferença das seguintes orações com o uso de advérbio:

- O homem estava no local do crime.
- **Infortunadamente**, o homem estava no local do crime.

Os **adjetivos**, por serem palavras que caracterizam um substantivo, conferindo-lhe uma qualidade, característica, aspecto ou estado, demonstram, conforme sua seleção, a opinião ou o posicionamento do emissor.

Veja as orações seguir e observe que o uso de adjetivos sugere a inocência da mulher:

- A mulher não tinha consciência do que fez.
- A **jovem** e **ingênua** mulher não tinha consciência **real** do que fez.

O uso de **verbos auxiliares modais**, como *dever*, *poder* e *ter*, aponta se o enunciado emite um acontecimento, uma vontade ou uma noção de circunstancialidade, indicando também necessidades ou possibilidades, tais como: "Vocês devem fazer justiça!".

Castilho e Castilho (1993) classificaram a modalização da conforme expresso na Figura 1.12.

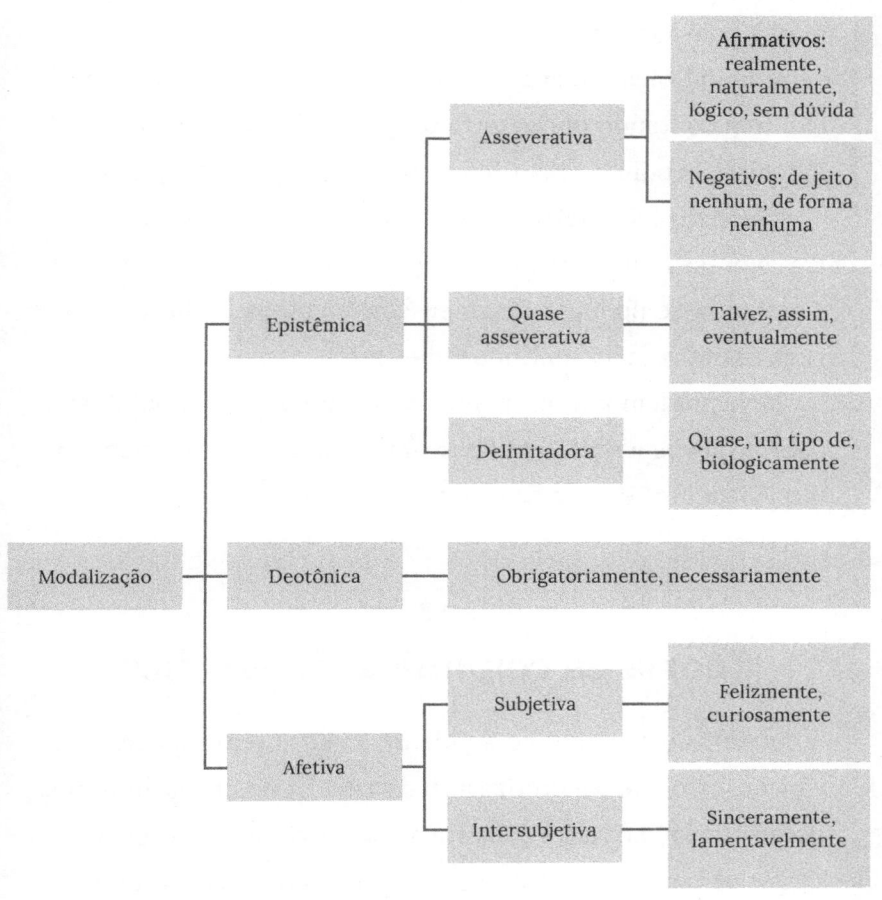

Figura 1.12 – Classificação da modalização

Modalização	Epistêmica	Asseverativa	Afirmativos: realmente, naturalmente, lógico, sem dúvida
			Negativos: de jeito nenhum, de forma nenhuma
		Quase asseverativa	Talvez, assim, eventualmente
		Delimitadora	Quase, um tipo de, biologicamente
	Deotônica	Obrigatoriamente, necessariamente	
	Afetiva	Subjetiva	Felizmente, curiosamente
		Intersubjetiva	Sinceramente, lamentavelmente

Fonte: Castilho; Castilho, 1993, p. 217.

A modalização **epistêmica** demonstra o valor da verdade da proposição e as diferentes formas de expressá-la. A modalização epistêmica do tipo **asseverativa** é aquela em que o emissor considera a proposição verdadeira; **quase asseverativa** quando ele está quase certo a respeito de determinado assunto;

e **delimitadora** quando a proposição não é afirmada completamente pelo locutor.

A modalização **deôntica** indica que o conteúdo da proposição tem conteúdo obrigatório ou proibido. Exemplificando: "A indenização punitiva pelo dano moral *deve ser* também adotada".

A modalização **afetiva** envolve a emoção diante do conteúdo. Ela expressa um juízo de valor sobre o enunciado, como em: "Coloquem-se no lugar dessa pessoa; como os senhores reagiriam se estivessem sentindo o mesmo?".

Devemos lembrar que nenhuma narrativa é imparcial. Assim, cabe ao advogado perceber esse fator e usar assertivamente os modalizadores conforme o contexto fático.

— 1.3 —
Teoria da comunicação jurídica

A comunicação verbal no ambiente forense tem especial relevância, visto que concretiza a lei escrita. É comum escutarmos, por exemplo: "Só vale o que está no papel, o que está escrito" ou "O que não está nos autos não está no mundo". Isso porque, em quase todo processo jurídico, o foco é voltado aos documentos, especialmente os escritos. E, nesse cenário, é o advogado que interpreta a norma buscando benefício a seus clientes.

Todavia, a escrita não consegue representar em substância todos os nuances da oralidade, não traduz um olhar, uma pausa maior de reflexão na fala. Os gestos, a postura, a imagem e os rituais transmitem mensagens importantes que não são representadas na escrita. Para esclarecer como se dá esse processo, é válido tratarmos da teoria da comunicação.

— 1.3.1 —
Teoria da comunicação

A comunicação está vinculada à sociedade, ela estabelece relações entre os seres humanos transmitindo mensagens segundo determinadas intenções. O modelo clássico e linear de comunicação utilizado na teoria da comunicação fundamenta-se nos estudos de Roman Jakobson, linguista russo que nasceu em 1896. Com apenas 19 anos, ele foi um dos fundadores do Círculo Linguístico de Moscou.

Segundo o linguista, são seis os elementos da comunicação: remetente, mensagem, destinatário, contexto, código e contato. Nas palavras dele:

> O REMETENTE envia uma MENSAGEM ao DESTINATÁRIO. Para ser eficaz, a mensagem requer um CONTEXTO a que se refere (ou 'referente', em outra nomenclatura algo ambígua), apreensível pelo destinatário, e que seja verbal ou suscetível de verbalização; um CÓDIGO total ou parcialmente comum ao remetente e ao destinatário (ou, em palavras, ao codificador e ao decodificador da mensagem); e, finalmente, um CONTATO, um canal físico e uma conexão psicológica entre o remetente e o destinatário, que os capacite a ambos

a entrarem e permanecerem em comunicação. Todos estes fatores inalienavelmente envolvidos na comunicação verbal podem ser esquematizados. (Jakobson, 2008, p. 122-123)

Figura 1.13 – Elementos da comunicação segundo Jakobson (2008)

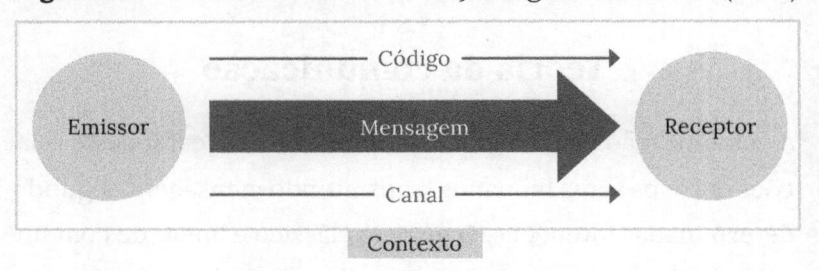

```
                    Código
    Emissor    →  Mensagem  →    Receptor
                    Canal
                   Contexto
```

Dessa forma, segundo Jakobson (2008), o processo linguístico ocorre pelo envio de uma mensagem ao destinatário pelo remetente, em certo contexto, com apoio em um código e por meio de um contato, que é um canal físico e uma conexão psicológica entre os agentes citados.

Figura 1.14 – Processo linguístico segundo Jakobson (2008)

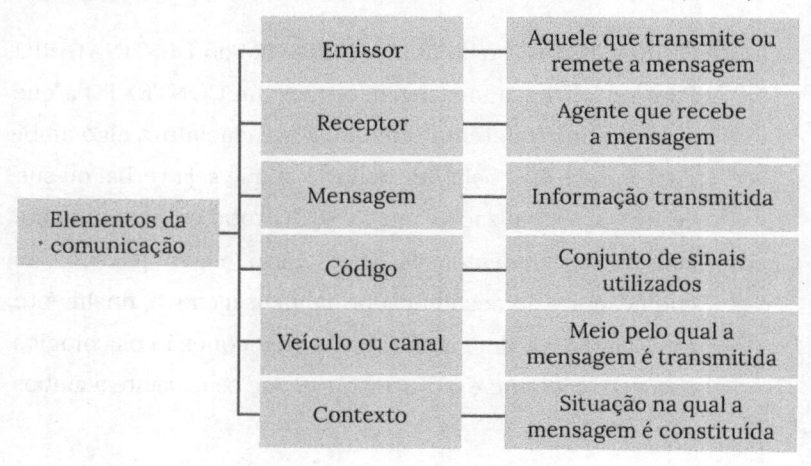

Elementos da comunicação		
	Emissor	Aquele que transmite ou remete a mensagem
	Receptor	Agente que recebe a mensagem
	Mensagem	Informação transmitida
	Código	Conjunto de sinais utilizados
	Veículo ou canal	Meio pelo qual a mensagem é transmitida
	Contexto	Situação na qual a mensagem é constituída

É necessário perceber que essa organização é didaticamente disposta e pode ser vista como uma parte estanque do processo comunicativo. Isso porque a complexidade do processo comunicativo é mais abrangente, não sendo possível reduzi-lo a um simples sistema de código, pois a comunicação se realiza entre seres humanos, os quais são, em essência, mutáveis, indefinidos e vulneráveis. Portanto, a análise da linguagem não deve ser reduzida a um procedimento meramente estrutural.

Outro ponto importante de análise é que não há como ser apenas emissor ou receptor; todos os seres são os dois ao mesmo tempo. Afinal, ao ouvir ou ler algo, o sujeito emite opinião sobre o assunto em pauta, mesmo que internamente.

De qualquer modo, a teoria de Jakobson (2008) serve de base para os estudos da teoria da comunicação, visto que existe a necessidade de se articular a língua a sua exterioridade, para, assim, haver a produção de sentido. Por isso, mesmo já antiga, a teoria de Jakobson mantém grande relevância didática, pois também proporciona maior entendimento sobre as funções da linguagem.

— 1.3.2 —
Teoria comunicacional do direito

A teoria comunicacional do direito tem como fundamento a relação entre as pessoas por meio do intercâmbio de ideias com bases jurídicas, em seu sentido normativo. Sua função é estabelecer a convivência humana e a regulação de ações. Outrossim, o texto jurídico é organizador e regulador, em seu sentido mais amplo, pois nele há um conjunto de significado, significação e contexto.

Significado é a acepção, a interpretação ou a compreensão do texto; a significação é o sentido de alguma coisa, seu valor e sua importância; e o contexto representa a situação comunicacional. As três categorias estão interligadas e, juntas, dão sentido ao texto.

A comunicação no direito apresenta certa peculiaridade por ter uma função específica: a **norma jurídica**. Esta é elaborada em textos como o suporte que a vincula, na qual a língua é o código em si e, assim, forma-se uma rede em que a lei é determinada e determinante da comunicação.

No direito, o processo de comunicação tem especificidades: o emissor é o agente das prescrições, ele elabora uma ideia, que é expressa por palavras. Esse agente é um ser humano e, por isso, a norma tem um papel social que carrega uma bagagem cultural, situado em determinado contexto no qual as pessoas se conectam e com domínio de certo vocabulário. Obviamente, cada ser humano tem uma linguagem própria; um promotor de Justiça seleciona os vocábulos que correspondem a sua intenção discursiva, já o advogado de defesa, por sua vez, utiliza um reportório voltado para a justificação de sua tese. Na realidade, o receptor é quem determina como a mensagem é elaborada pelo emissor: ao se dirigir a um juiz, o advogado usa uma linguagem elaborada, ao passo que, ao falar a um cliente mais humilde, tende a se expressar de forma mais simplista. Isso porque a forma de expressão desse profissional varia em uma defesa de júri, em uma petição inicial, em uma entrevista com um cliente. Daí a importância da adequação do discurso ao contexto.

Devemos considerar que, como em todo processo, há dificuldades da concretização total na comunicação jurídica, em razão de diversos fatores e obstáculos suscetíveis das etapas do processo. O mais complexo deles é o fato de se lidar com o código e suas determinações, o outro é o trato com a mensagem jurídica, a qualidade do canal também é significativa, bem como as vivências dos diferentes emissores e receptores, entre tantos outros que precisam ser considerados.

A teoria comunicacional do direito estuda a linguagem prescritiva – aquela que correlaciona configurações normativas ao comportamento social. Ela é imperativa, visto que apresenta uma ordem dirigida à conduta; logo, a norma jurídica embasa a mensagem relacionada às regularizações sociais das condutas humanas. Ela deve estar pautada em um código comum aos envolvidos no processo: o emissor; o receptor, que representa as partes; e a mensagem, que é elaborada pelo emissor e será decodificada pelo receptor pela sua decodificação, modificando-a.

Para Kelsen (1999), é a interpretação que possibilita o sentido da norma a ser executada, considerando que há várias possibilidades de interpretação. Já o contexto é um fator primordial, uma vez que um fato não pode ser abstraído do local, do tempo e da história. O contexto situa a tese com outras normas jurídicas.

— 1.4 —
Funções e níveis da linguagem jurídica

A linguagem apresenta variações, entre elas de função e nível. A função é tida como uma forma de utilização da linguagem e, por meio dela, podemos perceber a intenção de seu usuário. Já o nível são as diferentes adequações da linguagem às competências e situações vivenciadas pelo usuário.

— 1.4.1 —
Funções da linguagem jurídica

Para versar sobre as funções da linguagem jurídica, convém retomar os elementos de comunicação propostas por Jakobson (2008): emissor, receptor, mensagem, código, canal e contexto. Para cada um desses elementos, há certas funções da linguagem.

Figura 1.15 – Funções da linguagem

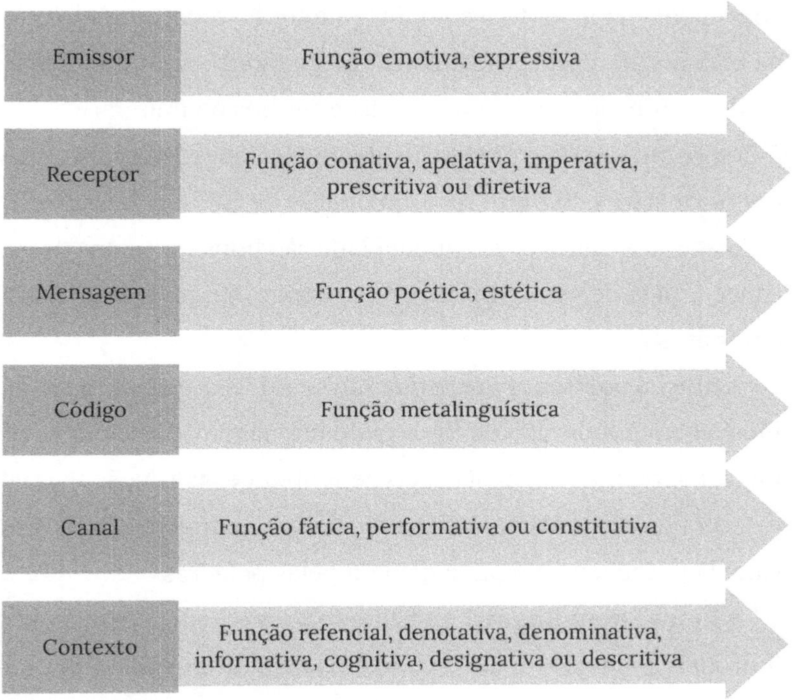

Emissor	Função emotiva, expressiva
Receptor	Função conativa, apelativa, imperativa, prescritiva ou diretiva
Mensagem	Função poética, estética
Código	Função metalinguística
Canal	Função fática, performativa ou constitutiva
Contexto	Função refencial, denotativa, denominativa, informativa, cognitiva, designativa ou descritiva

A função **emotiva**, ou expressiva, tem como objetivo emocionar o receptor por meio de sentimentos, opiniões e anseios, sendo, portanto, muito subjetiva. Por serem centradas no emissor, as atitudes de quem fala ou escreve exprimem as intenções dele. Para isso, utiliza-se a primeira pessoa do discurso, com emprego de adjetivos e interjeições. Os exemplos dessa função são: poesia, cartas, artigos de opinião. E, no universo jurídico, ela é usada nas discussões forenses em que a manifestação da vontade das partes é exposta.

A função **conativa**, ou apelativa, prescritiva, diretiva, busca convencer e agir sobre o comportamento do receptor por meio de comandos, ordens, conselhos, recomendações, advertências ou determinações, usando, para isso, verbos no imperativo. Ela é empregada em pareceres jurídicos, decisões judiciais e textos normativos. Sempre há a finalidade de influenciar alguém. Os discursos políticos e a publicidade são bons exemplos dessa função, além de estar presente na doutrina, nas jurisprudências e nos atos processuais.

A função **poética** aparece quando se valoriza a elaboração da mensagem com o uso de figuras de linguagem e seleção vocabular conotativa. A poesia representa bem essa função, a qual é, também, utilizada em debates jurídicos quando o emissor se vale da potencial emoção emanada pelas palavras.

A função **metalinguística** volta-se para o código explicando a própria mensagem, ou seja, materializa-se quando a linguagem é utilizada para explicar a própria linguagem. Sendo o texto jurídico caracteristicamente normativo, ele tem em si a função metalinguística. Os conceitos e teorias são textos que existem para explicar a si mesmos. Os dicionários e os livros didáticos representam bem essa função.

A função **referencial**, ou denotativa, denominativa, informativa, cognitiva, designativa, descritiva, volta-se para a informação. Ela trabalha com o conhecimento de forma objetiva sobre a realidade, priorizando dados, fatos e circunstâncias. Ela descreve realidades, mostrando a relação entre o termo e o objeto.

No direito, ela é utilizada ao se descrever e explicar o conteúdo do direito positivo ou ao se dispor dados descritivos de um caso real. Os manuais, os artigos científicos, as denúncias, as queixas e a própria doutrina são exemplos de uso dessa função.

A função **fática**, ou performativa, constitutiva, focaliza o funcionamento da comunicação. Ela agencia a interação entre emissor e receptor, seu contato, no suporte físico ou no canal. O melhor exemplo é o termo: *alô*, que demonstra como a comunicação ocorre. No âmbito jurídico, ela é vista nas instaurações de investigação criminal, nos indiciamentos e nas sentenças penais condenatórias, por exemplo.

Francisco Bissoli Filho (2009), em sua tese de doutorado, apresenta outras funções: a função de fabulação da linguagem jurídico-penal e a função de dominação da linguagem jurídico-penal.

A função de **fabulação**, segundo Bissoli Filho (2009), é aquela que utiliza a ficção ou uma hipótese científica, não havendo necessidade de ser verdadeira. Conforme o autor, essa função é muito utilizada na linguagem natural da vida social e na linguagem jurídica quando se deseja fazer crer em algo que não existe ou é uma ficção. As leis são produzidas com base nessa função e são resultado da relações de poder ou fenômenos políticos, decorrentes de embates entre grupos e classes. Um bom exemplo disso é a máxima: "Todos são iguais perante a lei", pois tal premissa apresenta variáveis que muitas vezes a tornam ficcional.

A função de **dominação**, por sua vez, legitima o poder e está presente "nos discursos das leis, dos juízes, dos advogados, dos tribunais, dos juristas e das teorias" (Farias citado por Bissoli Filho, 2009, p. 21), obviamente posta de forma ideológica.

Podemos perceber que a linguagem jurídica é predominantemente normativa, prescritiva e metalinguística, mas apresenta também as funções emotiva, conativa, poética e referencial. Trata-se sempre de um conjunto de enunciados descritivos, precisos e coesamente ordenados.

— 1.4.2 —
Níveis da linguagem jurídica

Os níveis de linguagem ou da fala representam diferentes usos da linguagem dependendo dos contextos comunicativos. Também há diferenças referentes à localização, ao período histórico e aos níveis social e escolar dos usuários.

Ressaltamos que não há um nível certo ou errado, melhor ou pior que o outro, mas sim níveis de adequação, ou seja, uso apropriado do nível para a situação correspondente de uso. Assim, cabe ao bom usuário da língua adaptar seu discurso à situação comunicativa em que se encontra. As diferentes realizações são denominadas *variantes* e se referem à língua padrão ou culta; popular ou coloquial. Também há variações em razão de fatores regionais, históricos, sociais, entre outros, como detalhamos a seguir.

- **Nível culto** – Também conhecido como *linguagem formal*, privilegia a obediência gramatical e as estruturas sintáticas mais complexas, com utilização de um vocabulário diversificado e cuidado na sintaxe, que analisa as relações das palavras na frase e das frases no discurso. Ele é utilizado por intelectuais, juristas e cientistas. Deve ser usado em situações formais e, prioritariamente, na forma escrita; pois isso permite que seja planejado e elaborado cuidadosamente. O nível culto é ensinado nas escolas, utilizado na comunicação social formal e no universo jurídico. Erroneamente, relacionava-se o uso do nível culto às pessoas "inteligentes"; todavia, isso não é verdadeiro, visto que há muitas pessoas cultas que não utilizam esse nível de linguagem até mesmo por não estarem expostos a contextos que demandem esse nível de linguagem.
- **Nível coloquial** – É uma linguagem mais informal, utilizada em situação do cotidiano, em situações familiares de forma espontânea e despreocupada. Nesse tipo de registro, o vocabulário é restrito e não há preocupação com o uso correto da sintaxe. Aceita, dessa forma, expressões populares, incorreções linguísticas, vocabulário mais simples, gírias e permite mais liberdade de expressão.
- **Nível técnico** – Trata-se da utilização da língua com requisitos mais profissionais; para isso, há uso de termos próprios e expressões específicas.

- **Nível literário** – Utiliza a língua de forma artística, com mais expressividade e uso conotativo das palavras. Também é comum o emprego de recursos estilísticos, como as figuras de linguagem.

A palavra é aplicada em estruturas que cumprem o papel comunicativo entre os seres humanos. Com ela, organizamos nossa fala, que, somada à língua, compõe a linguagem. Esta apresenta algumas características. Retomamos, a seguir, alguns tipos de linguagem e adicionamos outros que ora nos interessam para progredir em nossa abordagem.

A **linguagem natural**, ou ordinária, é aquela que usamos espontaneamente em nosso cotidiano sem grandes preocupações com a organização sintática. Por sua vez, a **linguagem técnica** tem acrescido em seu escopo palavras e expressões de cunho científico e busca um maior grau de determinação.

Já a **linguagem científica** apresenta maior cuidado em sua elaboração, visto que representa uma maior precisão dos sentidos e significados. Variavelmente, busca uma **linguagem filosófica**, que, por meio de uma terminologia própria, expressa um conhecimento do universo interior do ser tendo a vontade de refletir e explicar o mundo.

A **linguagem formalizada** reduz a imprecisão terminológica usando a simbologia artificialmente criada. De modo semelhante, a **linguagem artística** busca expressar-se por meio dos valores estéticos.

É possível inferir ao rever esses tipos de linguagem que não dominamos ou usamos somente um deles; na realidade, transitamos entre eles fazendo melhor uso conforme a conveniência.

Outrossim, a **linguagem jurídica** utiliza-se de diversos recursos a fim de alcançar seu objetivo: convencer. Para isso, ela tem como base a lógica e fundamenta-se em argumentos, expressão verbal do raciocínio na busca da razão. E, nos últimos tempos, a linguagem jurídica rebuscada e cheia de termos de difícil entendimento está sendo substituída por uma linguagem mais clara, simples e direta, porém respeitando, sem dúvida nenhuma, a norma padrão, mantendo como base a técnica e a lógica.

A linguagem jurídica pode ser dividida nos seguintes níveis, de acordo com Maria José Constantino Petri (2017):

- **Linguagem legislativa** – Empregada em códigos, normas e leis, é responsável por cunhar o direito sendo a base dos processos jurídicos.
- **Linguagem judiciária**, **forense** ou **processual** – Utilizada na aplicação do direito, como em processos e petições. Volta-se para a aplicação do direito.
- **Linguagem convencional** ou **contratual** – Usada em contratos com direitos e obrigações entre as partes.
- **Linguagem doutrinária** – Dirigida ao objetivo de ensinar e explicar os institutos jurídicos.
- **Linguagem cartorária** ou **notarial** – Voltada à finalidade de registrar os atos de direito.

É importante considerar que tais categorias são tomadas isoladamente apenas por razão didática, pois, na prática, o uso da língua demanda uma abordagem perfeitamente integrada.

— 1.5 —
Enunciação e discurso jurídico: texto, contexto e intertexto

A enunciação está relacionada com a interação entre os indivíduos por meio da linguagem. O enunciador (emissor) entra em contato com o enunciatário (receptor) por meio de um enunciado (mensagem). O contexto efetiva a materialidade linguística, pois dele depende o entendimento da comunicação, a realidade do discurso. Isso porque um enunciado pode ser entendido de diferentes formas a depender de fatores como os conhecimentos linguísticos, a natureza dos enunciadores e as marcas linguísticas.

De acordo com Foucault (1986, p. 98-99), o enunciado é "uma função que cruza um domínio de estruturas e de unidades possíveis e que faz com que apareçam, com conteúdo concretos, no tempo e no espaço". Portanto, o que faz de um texto um enunciado é a consideração de quem o produz e em qual condição, em que tempo e espaço, para quem é direcionado e, principalmente, com qual intenção, sempre considerando sua relação com as partes e os partícipes da ação comunicativa e as articulações com outros discursos.

Todo texto é produzido em determinado contexto histórico, social e cultural. Na escrita, são deixadas marcas de visão de mundo, e o texto espelha a realidade social na qual seu escritor está inserido. Dessa forma, a enunciação resulta de uma interação social, podendo não ter significado para além de determinada realidade. A relação entre texto e contexto é profunda e deve ser estudada de forma sistematizada.

Mikhail Bakhtin (2002) reafirma que a enunciação é um processo de dialogismo, porém não somente entre indivíduos, mas também entre discursos. O texto é um objeto significante e **dialógico**. Assim, existe a relação entre o texto e o contexto, no qual existem outros textos. Tal pensamento está esquematizado na figura a seguir.

Figura 1.16 – Texto, contexto e intertexto

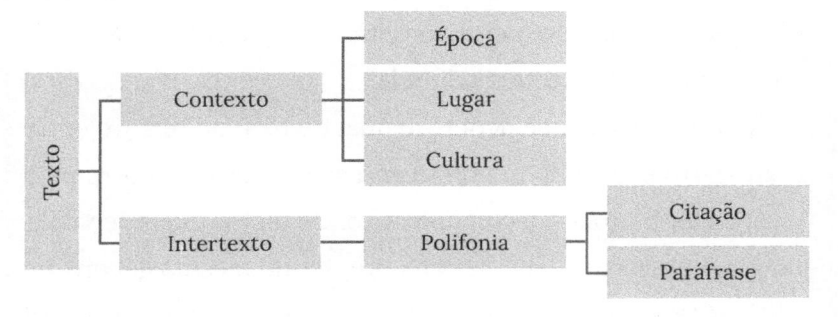

```
                    ┌── Época
         ┌ Contexto ┼── Lugar
         │          └── Cultura
Texto ───┤
         │                      ┌── Citação
         └ Intertexto ── Polifonia
                                └── Paráfrase
```

Todo texto está inserido em um contexto, o qual é resultado de um processo histórico e social formado por aqueles que nele interferem. De acordo com Carvalho (2008), há dois tipos de relação entre texto e contexto: (1) a **interna**, que se volta às estruturas textuais, e (2) a **externa**, que se relaciona com as circunstâncias históricas e sociológicas nas quais o texto foi produzido. A análise interna, no âmbito jurídico, considera o contexto jurídico, e a análise externa leva em conta o contexto não jurídico.

Dessa forma, nenhum texto é individual, ele reflete outros textos vivenciados por quem o produz, havendo assim uma relação entre sentidos, um diálogo constante entre quem escreve um texto e os textos que influenciaram esse enunciador. Há, portanto, um diálogo entre textos, denominado *intertextualidade*.

— 1.5.1 —
Intertextualidade

Os textos podem ser **monofônicos** ou **polifônicos**. Os primeiros verificam-se quando as ideias expressas são somente do autor; os segundos, quando o escritor cita outros autores. Esse fenômeno chama-se *intertextualidade*.

A intertextualidade acontece quando há uma relação entre textos, isto é, quando um texto apresenta elos com outro para enriquecer o processo comunicativo. Os textos que se completam não precisam, necessariamente, ser do mesmo gênero, ou seja, um texto verbal pode ter em seu corpo um texto não verbal.

A relação entre os textos pode acontecer de forma explícita ou implícita. A **explícita** é fácil de ser identificada e tem relação direta com o texto original, sendo predominante no universo jurídico; a **implícita** exige dedução e análise do leitor.

Vários são os modos de utilizar a intertextualidade, entre eles há a citação e a paráfrase, também chamadas de *polifonia*.

— 1.5.2 —
Polifonia

Polifonia significa "grande número de sons". Tal termo foi utilizado por Bakhtin (2002) para representar um texto com várias vozes, isto é, um texto que cita outros autores além daquele que o escreveu. Diferentemente do texto monofônico, no qual só aparecem ideias do próprio autor, o texto polifônico é constituído de ideias, enunciados e ponto de vista de outros enunciadores.

Os textos jurídicos são, por natureza, polifônicos, pois são constituídos de relatos, citações, depoimentos de outras pessoas além de seu autor, ou seja, de vozes de testemunhas ou de autoridades que o tornam mais dialógico. Tal recurso acrescenta veracidade a uma proposição, além de ampliar seu grau de credibilidade.

A polifonia pode aparecer no texto em forma de citações e paráfrases.

Na citação, a ideia de um autor é posta em um texto de forma direta, isto é, exatamente como foi proferido originalmente. Ela é transcrita exatamente como consta no texto original. Obviamente, deve ser referenciada corretamente a fim de se evitar um ato ilícito seriíssimo, que é o plágio. As citações são classificadas de acordo com as normas da Associação Brasileira de Normas Técnicas (ABNT) como curtas, quando têm menos de três linhas, ou longas, quando ultrapassam esse limite.

- As **citações curtas** devem ser apresentadas entre aspas e acompanhadas do nome do autor, ano da obra original e página.
- As **citações longas** também devem referendar o autor e ano de sua fonte, mas são grafadas sem aspas, com letra menor e espaçamento entrelinhas simples. Também ficam separadas do corpo do texto no qual são apresentadas com um recuo de 4 cm da margem esquerda, a fim de que sejam facilmente visualizadas como citação.

A **paráfrase**, por sua vez, é a citação indireta. Nela, o autor do texto reescreve com suas palavras o que o autor citado enunciou. Esse recurso exige do escritor a habilidade de interpretação e interligação de ideias, visto que uma ideia deve estar relacionada a outra (coesão textual). Mais uma vez, é válido o que informamos sobre a necessidade de se citar as fontes, a fim de se evitar a prática de plágio.

Ambas, a citação e a paráfrase, são introduzidas normalmente com os chamados verbos *dicendi*, verbos que indicam um ato de fala, como: *disse, afirmou, declarou, respondeu, definiu*. Às vezes, também aparecem com verbos denominados de *sentiendi*, que exprimem sentimentos e emoções, como: *sussurrou, suspirou, lamentou, gritou*. Eles indicam o estado emocional de quem é citado ao emitir um enunciado.

Síntese

Neste capítulo, constatamos que a comunicação jurídica é a prática da interação entre sujeitos por meio das linguagens verbal e não verbal. É o exercício da interlocução, ação verbal dotada de intencionalidade. As palavras, elemento linguístico primeiro da comunicação, atribuem determinado valor e permitem ao usuário selecioná-las e combiná-las adequadamente, compondo a teia discursiva.

Também destacamos que a linguagem humana se realiza em processos de interação em que os interlocutores utilizam da fala e da escrita como condição de inteligibilidade. Assim, podemos empregar a linguagem jurídica como instrumento de persuasão, pois é constituída de intencionalidades e técnicas próprias, como a modalização.

A teoria da comunicação desnuda as relações entre os falantes e apresenta de forma figurativa seu processo. Nesse sentido, confirmamos que os elementos que a compõem exercem funções básicas. Tais funções apresentam características que definem o papel dos seres humanos no processo comunicativo em diferentes níveis de linguagem. Esses níveis são envoltos em um contexto que faz a comunicação ser efetivada ou não. Conhecer os níveis, as funções e as relações da linguagem é primordial para compreender todo o processo comunicativo em que se está inserido e que precisa ser aprimorado cotidianamente em busca de melhores relações entre os seres humanos.

Capítulo 2

Argumentação jurídica

Argumentar faz parte da natureza humana e é uma das condições sociais sob as quais se realizam as relações interpessoais. Tal processo tem caráter dialético entre a intencionalidade e o fazer jurídico, explicitando relações e definindo prioridades. Nesse sentido, o uso e o estudo da palavra devem ser aprofundados, uma vez que é por meio dela que o operador do direito elabora logicamente peças para decisões sobre a vida de ser humanos.

Para a elaboração de argumentos, são necessárias complexas funções mentais de raciocínio, mediadas pela lógica e seus valiosos recursos, que serão abordados neste capítulo.

A prática do direito está diretamente associada à argumentação jurídica. Por meio do uso da palavra, o advogado persuade, convence, representa algo ou alguém, buscando justiça. Na ciência jurídica, a argumentação está relacionada com a produção de pretextos em favor do que se afirma, e isso ocorre mediante a sustentação de uma tese. Tais argumentos estão interligados de forma lógica segundo um raciocínio também lógico; daí a importância de se conhecer os processos da construção dos argumentos.

Neste capítulo, trataremos das relações linguísticas que tornam um argumento válido (ou inválido). Para tanto, ponderaremos sobre o pensamento racional, ou seja, a lógica. Começaremos com um breve apanhado histórico sobre o surgimento da lógica, seguido de sua conceituação de classificação.

Explicaremos como o direito mantém um sistema lógico diante da realidade posta e especificaremos o papel que esta exerce. Para clarificar tal relação, analisaremos a estrutura da lógica do argumento e as diferentes formas de argumentação jurídica.

— 2.1 —
Introdução à lógica

A lógica estuda a estrutura dos enunciados, também chamados de *proposições*, e suas regras. Ela é resultado do correto pensar. Também é um componente importante para a racionalidade humana, principalmente no que concerne à fala, à linguagem e ao entendimento.

Vale reforçar que a lógica e a linguagem estão intimamente associadas e ambas são construídas pelos seres humanos. De acordo com Carvalho (2008, p. 71), "não há lógica na floresta, no fundo dos oceanos ou no céu estrelado: torna-se impossível investigarmos entes lógicos em qualquer outra porção da existência real que não seja um fragmento de linguagem". São as expressões linguísticas que consolidam as reflexões da lógica. Eis aí a razão para enfocarmos essa relação nesta obra.

Para Neves Filho e Rui (2016, p. 13), a lógica é uma ciência: "Lógica é a área do conhecimento que estuda princípios e métodos de inferência, tendo o objetivo principal de determinar em que condições certas coisas se seguem (são consequência), ou não, de outras".

A lógica corresponderia, portanto, à ciência da razão, do raciocínio e de sua validação, visto que se utiliza de premissas para constituir uma verdade. Na realidade, ela só teria validade ao demonstrar um pensamento resultante de conhecimentos verdadeiros, os quais devem ser demonstrados por meio dos argumentos.

O termo *lógica* tem origem grega e significa "razão". Logo, essa noção se associa às regras racionais na busca de validade formal de proposições linguísticas. Especificamente no cenário forense, procura a validade de sentido da frase dada por sua estruturação, ponto fundante na argumentação jurídica. Dessa forma, a lógica é o estudo dos argumentos; ela os analisa e verifica se eles são bons ou não para determinada situação. Por sua vez, os argumentos são proposições, hipóteses e suposições, que podem ser verdadeiras ou falsas, também de acordo com os diferentes contextos em que se realizam.

Várias civilizações da Antiguidade utilizavam-se da lógica. Na Índia, por volta do século IV a.C., a escola Nyaya, segundo Kleinman (2014), elaborou um sistema lógico analítico no qual o conhecimento resulta apenas de uma parcela da realidade. Para essa escola, há quatro fontes de conhecimento: (i) a percepção, (ii) a inferência, (iii) a analogia e (iv) o testemunho fidedigno.

Na China, a escola Mohista (moísmo), fundada por Mozì (470-391 a.C.), propunha o estudo de problemas com a dedução e as conclusões corretas, sendo considerada uma das primeiras instituições a investigar a lógica formal (Kleinman, 2014).

Na Grécia Antiga, a lógica foi instituída como disciplina por Aristóteles (384-322 a.C.), filósofo que escreveu um livro intitulado *Órganon* (2005), que significa "utensílio", "instrumento". Essa obra, voltada à lógica formal, é dividida em seis partes: (i) "Categorias", na qual demonstra a teoria dos tipos com a classificação dos objetos; (ii) "Da Interpretação", escritos sobre os juízes; (iii) "Refutações sofísticas" e (iv) "Analíticos anteriores", escritos sobre silogismo; (v) "Analíticos posteriores", inscrições sobre a demonstração; e (vi) "Tópicos", com orientações para competidores de discussões públicas.

Aristóteles (2005) dividiu a lógica em formal, também chamada de *lógica menor*, e material, conhecida como *dialética*. Essa classificação está exposta na figura a seguir.

Figura 2.1 – Lógica segundo Aristóteles (2005)

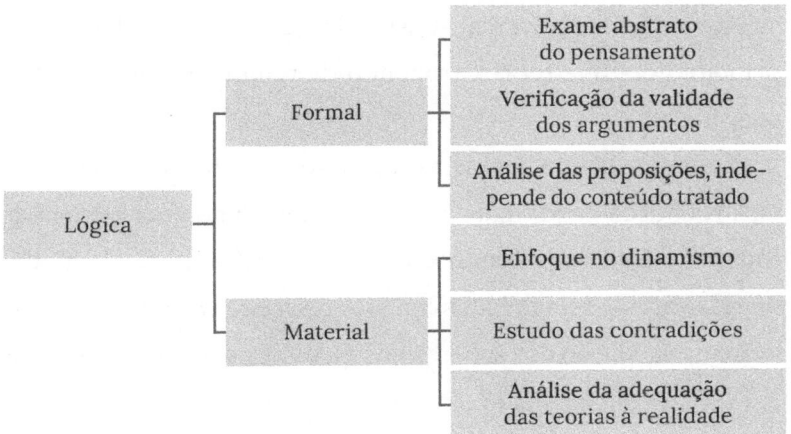

```
                    ┌─ Exame abstrato
                    │  do pensamento
          ┌─ Formal ─┼─ Verificação da validade
          │         │  dos argumentos
          │         └─ Análise das proposições, inde-
Lógica ───┤            pende do conteúdo tratado
          │         ┌─ Enfoque no dinamismo
          └─ Material ┼─ Estudo das contradições
                    └─ Análise da adequação
                       das teorias à realidade
```

Aristóteles (2005) também estudou a lógica e sua relação com a estrutura linguística, verificando como os os seres humanos atribuem sentido aos acontecimentos. Para o filósofo, só há validade nos enunciados linguísticos se estes tiverem sentido, ou seja, fundamentos lógicos. A lógica, segundo o pensador grego, é um instrumento para o correto pensar, indo além de uma ciência e possibilitando que o ser humano não caia em erro.

Parmênides e Heráclito também demonstraram a distinção entre lógica formal e lógica dialética. O primeiro via na razão a explicação dos fatos; para ele tudo é imutável, já Heráclito acreditava no movimento do universo, na constante transformação do ser. Dessa forma, Parmênides representa a lógica formal, e Heráclito, a dialética, que, mais tarde, angariou vários adeptos, como Marx, Engels e Popper (Perelman, 2004).

A lógica aristotélica, também denominada *clássica*, parte do particular para o universal, sendo assim dedutiva, de acordo com a ordem da realidade, na qual um fenômeno particular está sujeito a uma lei universal. Aristóteles (2005) toma o fato como princípio de uma teoria, trazendo da realidade um suporte a suas ideias.

Na Idade Média, as ideias de Aristóteles foram desenvolvidas. Na busca da verdade, a lógica era vista como a ciência de todas as ciências, e os conhecimentos científicos deveriam estar necessariamente atrelados a ela. A dedução teve papel importante na validação dos saberes nos quais os princípios universais eram considerados verdadeiros, deixando, assim, a base empírica em segundo plano.

Somente em meados do século XVI, a experimentação ganhou notoriedade. Perelman (2004) esclarece que, contrariando o princípio aristotélico que partia do geral para o particular (dedução), estudiosos como Francis Bacon (1561-1626) e René Descartes (1596-1650) estudaram os fenômenos particulares para atingir o universal (indução).

Nesse contexto, os argumentos podem ser divididos em dois grandes grupos: os dedutivos e os indutivos. Tanto a dedução quanto a indução buscam o conhecimento racional de determinado fenômeno.

A **dedução** é um procedimento de raciocínio lógico que parte de algo maior para o menor. Segue de uma certeza para a análise de dados ou fatos, da causa para o efeito. Ela demonstra uma teoria geral e a comprovação da validade de argumento com a ideia que todos os casos particulares estão, em princípio, submetidos a uma regra universal, geral. Dessa forma, os argumentos dedutivos conduzem a uma verdade que é extraída dos pressupostos até a conclusão.

A **indução** parte de um dado ou fato rumo a uma definição maior, dirigindo-se dos efeitos para as causas. Ela analisa padrões para construir regras gerais aplicáveis. Todo o conhecimento é válido tendo a razão como fundamento, e há interpretação dos dados sensíveis, que são o alicerce da realidade.

Figura 2.2 – Divisão dos argumentos

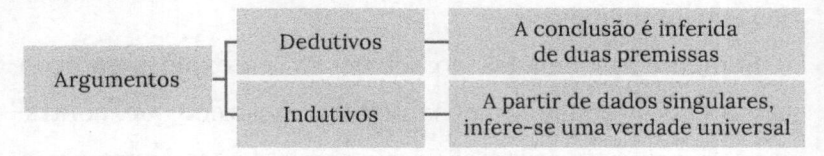

Argumentos	Dedutivos	A conclusão é inferida de duas premissas
	Indutivos	A partir de dados singulares, infere-se uma verdade universal

Francis Bacon, em sua obra de 1620, intitulada *Novum organum* (ou *Novo método*), demonstra uma nova forma de investigação científica para a época, o denominado *método indutivo-experimental*. Ele apresentou uma nova ciência baseada na metodologia científica e no empirismo, dando início à ciência moderna (Perelman, 2004).

No final do século XIX, Gottlob Frege (1849-1925) desenvolveu a chamada *lógica dos predicados de primeira ordem*, fundamentando a lógica na matemática (logicismo). Tal teoria teve como base a invenção das variáveis quantificadas, resolvendo o problema da generalidade múltipla, que aponta a linguagem aristotélica como limitada para representar proposições de generalidade múltipla. Assim, o pensador e matemático alemão propõe que não há distinção entre proposições que tenham o mesmo conteúdo conceitual.

Por seu turno, Immanuel Kant (1724-1804) estudou as possibilidades de conhecer. Ele relacionou as razões das ações humanas com a moral, as formas do agir e dos comportamentos. Em seu livro *Crítica da razão pura*, o filósofo prussiano diferencia os conhecimentos adquiridos (*a priori* ou puro) dos experimentados (*a posteriori*) e dos juízos analítico e sintético, demonstrando que o ser humano não tem a capacidade de conhecer as coisas em si mesmas, mas somente os fenômenos decorrentes delas. Ele diferenciava as leis da natureza da causalidade física ("o ser") das leis jurídicas (o "dever ser") (Perelman, 2004).

Entre os séculos XIX e XX, soma-se à lógica da época um modelo de cálculo algébrico, desenvolvido pelo alemão Gottfried Wilhelm Leibniz (1646-1716), que desenvolveu operações dedutivas de natureza mecânica com símbolos técnicos, criando uma nova língua artificial e universal. Sua intenção foi inventariar as ideias simples, a fim de, ao combiná-las, criar ideias compostas, estabelecendo técnicas de raciocínio instintivos (Leibniz, 2004).

No mesmo período, Thomas Hobbes (1588-1679) relacionou a lógica à matemática. Para esse preceptor e filósofo inglês, a linguagem é uma convenção social que faz a relação entre sons e significados, tendo a lógica o papel de organizar e sistematizar o uso de tais convenções (Leibniz, 2004).

Com isso, vários matemáticos dedicaram-se a investigar a relação entre lógica e álgebra, criando proposições com analogia na matemática. Esse método deu origem à atual lógica utilizada nos computadores. Nesse período, surgiram também o sistema lógico de cálculo proposicional e o cálculo de predicados – sistema capaz de transformar em raciocínios dedutivos todas as demonstrações matemáticas.

A lógica matemática simbólica moderna utiliza-se de uma linguagem artificial, isto é, do uso de símbolos e ícones que representam o pensamento. Assim, não conta com uma tradução para a linguagem natural. Ela considera o conteúdo das proposições, descreve suas formas, suas propriedades e as relações entre tais proposições. Torna-se, dessa forma, uma ciência formal da linguagem que considera a construção intelectual a tradução do pensamento.

Após esse breve histórico, podemos organizar alguns tipos de lógica, conforme mostra a figura a seguir.

Figura 2.3 – Tipos de lógica

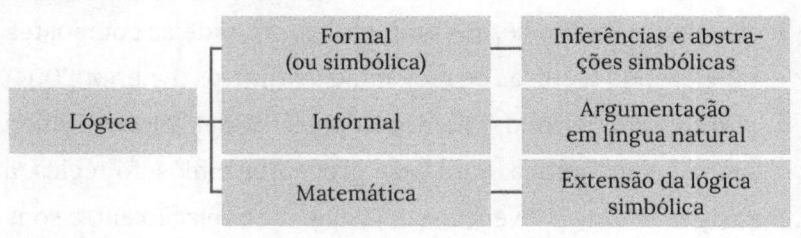

Lógica		
	Formal (ou simbólica)	Inferências e abstrações simbólicas
	Informal	Argumentação em língua natural
	Matemática	Extensão da lógica simbólica

Alguns termos apresentam variáveis. A lógica formal é também denominada *lógica menor*, e a lógica material é também conhecida como *lógica maior*. A **lógica formal**, ou menor, determina as condições de conformidade do pensamento, encarregando-se das descrições de apreensão e termo, compreensão e extensão, juízo ou proposição, raciocínio e argumento. Já a **lógica maior**, ou material, elucida as leis particulares e disposições específicas de forma firme: condições e critérios de certeza, verdade e inverdade, bem como a regra em geral.

— 2.1.1 —
Lógica formal

A lógica formal, conhecida também como *lógica simbólica*, estuda os aspectos lógicos da argumentação, voltando-se à estrutura do raciocínio e às relações entre conceitos e suas comprovações. Ela se vale de premissas e conclusão, denominadas ***inferências***. A lógica aristotélica tradicional e a lógica simbólica moderna fazem parte dela.

As inferências podem ser: **imediatas**, quando formadas por apenas uma proposição; e **mediatas**, quando formadas por duas premissas e uma conclusão, também denominada *silogismo*.

Figura 2.4 – Classificação das inferências

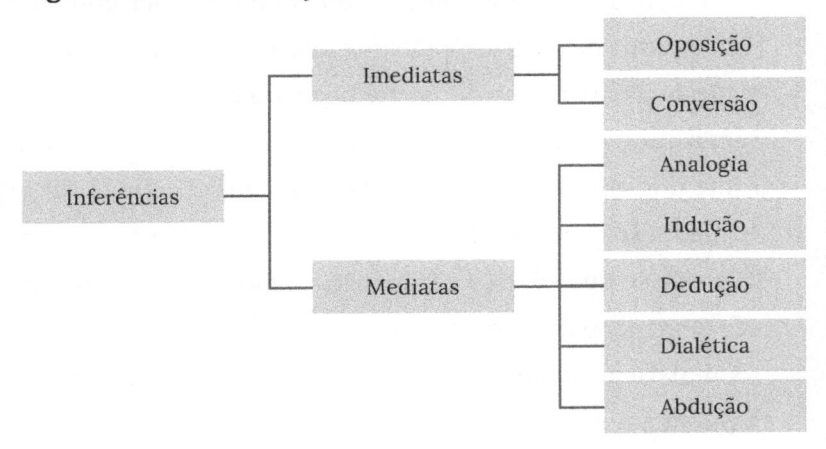

```
                    ┌─ Imediatas ──┬─ Oposição
                    │              └─ Conversão
Inferências ────────┤
                    │              ┌─ Analogia
                    │              ├─ Indução
                    └─ Mediatas ───┼─ Dedução
                                   ├─ Dialética
                                   └─ Abdução
```

As inferências **imediatas** são formadas por apenas uma proposição:

- Na **oposição**, a conclusão é uma consequência necessária da premissa, mantendo-se sujeito e predicado. Eis um exemplo com uma premissa falsa: "Todos cavalos são marrons, logo nenhum cavalo é não marrom".
- Na **conversão**, a conclusão é obtida pela transposição da premissa: "Todos os advogados são operadores do direito, logo alguns operadores do direito são advogados".

As inferências **mediatas** são compostas de duas premissas e uma conclusão, assim distribuídas:

- Na **analogia**, ou **comparação**, as duas premissas apresentam semelhanças: "Uma vez que o homem e a mulher cometeram o crime de forma semelhante, merecem a mesma pena".
- Na **indução**, parte-se do particular para o geral: "Considerando que o homem sente dor, a mulher sente dor e a criança sente dor, conclui-se que os seres humanos sentem dor".
- Na **dedução**, parte-se de uma premissa maior para a menor: "Conclui-se que se todo ser humano é mortal e Pedro é um ser humano, portanto Pedro é mortal".
- Na **dialética**, a conclusão ou tese é resultante da contraposição de premissas, também denominadas *antíteses*: "O ser humano precisa de ar, se não houver ar, ele morre".

- Na **abdução**, há uma proposição geral que apresenta hipóteses explicativas, que são superadas até se chegar a uma conclusão: "O mordomo é sempre culpado, visto que ele tem acesso a todos os lugares, conhece todos os envolvidos, está sempre presente".

Em síntese, os raciocínios são constituídos por inferências, processo mediante o qual se alcança uma conclusão a partir de uma ou mais premissas. Assim, a lógica formal classifica os argumentos somente como válidos ou não válidos. Por não se preocupar com o conteúdo das afirmações, a lógica formal não tem compromisso com a realidade.

Utilizando o silogismo, Aristóteles (2005) designou símbolos para os argumentos, a fim de demonstrar a validade de sua proposição: "Se todos os B são C e se todos os A são B, todos os A são C".

Figura 2.5 – Símbolos do silogismo

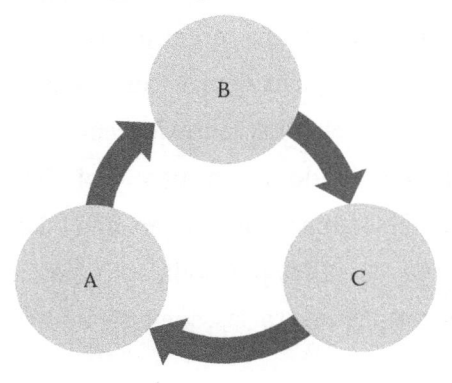

A lógica formal não se preocupa com a veracidade da proposição, mas com a validade do argumento; por conseguinte, não há uma preocupação com a realidade do que está sendo afirmado. Portanto, esse tipo de lógica é insuficiente para o cenário jurídico, visto que este trabalha com os complexos fenômenos humanos.

Aristóteles (2005) propõe dois princípios básicos para a validação do conhecimento elaborado por meio da linguagem:

1. **Princípio da não contradição** – Estabelece que uma afirmação não pode ser verdadeira e falsa ao mesmo tempo. Em outras palavras: se algo é, não pode deixar de ser. Há uma impossibilidade, portanto, de algo ser e não ser concomitantemente. Por exemplo, se, em dado momento, certo objeto é um livro, não pode deixar de sê-lo nesse mesmo momento (A não pode ser um não A): "Um gato não é um não gato e um não gato não é um gato".
2. **Princípio do terceiro excluído** – Afirma que algo é ou não é, não podendo haver uma terceira possiblidade. Ou melhor, não existe terceira opção além de ser algo ou a negação desse algo. Utilizando o exemplo anterior: certo objeto é ou não é um livro, não podendo haver outra probabilidade. A Constituição é ou não é uma Constituição, não há outra opção (A é x ou não x, não há outra possibilidade). No direito, não pode haver duas normas contrárias, somente uma tem de ser válida.

Há de se considerar, ainda, a lei da identidade, elaborada pelo filósofo grego Parmênides (Maia, 2008):

- **Princípio da identidade** – Enuncia que, se um enunciado é verdadeiro, ele é verdadeiro, ele exprime o que o ser ou coisa é; para isso, usa o verbo *ser*. Afinal, cada coisa é igual a si mesma. No exemplo que temos tomado: "Isto é um livro. O livro é um livro (A é A)". De acordo com Coelho (2009, p. 6), "no interior do pensamento lógico, as coisas não podem ser entendidas como um complexo de múltiplos fatores contraditórios. Uma árvore é uma árvore, e não o vir a ser de uma semente". Em outras palavras, um indivíduo só pode ser pensado e conhecido se sua identidade estiver conservada, visto que todo ser é idêntico a si mesmo.

Outros dois princípios incidem na validação do conhecimento, quais sejam:

1. **Princípio da razão suficiente** – Segundo tal princípio, formulado por Leibniz (2004), nenhum fato pode ser tomado como verdadeiro ou existente sem que haja uma razão suficiente para ser e não de outro modo. Deve, portanto, haver uma razão, e esta deve servir de apoio ao juízo.
2. **Princípio da causalidade** – Indica que todo evento é precedido de outro; ou seja, sempre terá um antecedente ao qual está ligado ou ao qual corresponde. Esse princípio decorre das leis da natureza de causa e efeito, causalidade ou nexo causal. Apresenta as seguintes consequências:

- se a causa desaparecer, acaba o efeito (*sublata causa tollitur effectus*); cessando a causa, tira-se o efeito (*cessante causa, tollitur effectus*);
- causa ou parte da causa é consequência de um efeito.

Tais princípios regulam e direcionam a elaboração do raciocínio da lógica como um todo, ou seja, eles norteiam a razão.

— 2.1.2 —
Lógica informal

A lógica informal, ou não formal, enfoca os efeitos da comunicação no contexto em que ocorrem, estudando a argumentação em língua natural, em contraste com a linguagem artificial. Ela busca desenvolver uma lógica dos raciocínios informais resultantes das relações interpessoais.

Considera-se, nessa vertente, o processo de negociação racional dos consensos que se verifica na argumentação do discurso cotidiano, abrangendo construções de discursos, falácias e interpretações. Estudam-se as relações entre os argumentos e os agentes cognitivos envolvidos com foco na avaliação do raciocínio comum, aproximando-se do pensamento crítico.

— 2.1.3 —
Lógica matemática

A lógica matemática é a extensão da lógica simbólica. Ela estuda abstrações simbólicas. Teve suas primeiras reflexões com Leibniz, que publicou, em 1666, a *Dissertatio de arte combinatória*.

Na lógica simbólica, um enunciado transforma-se em proposição por meio da linguagem simbólica, podendo ser simples ou composto. Os enunciados **compostos** são constituídos pelos **simples**, os quais são ligados com conectivos que determinam a relação entre eles. Tal arte combinatória avalia uma proposição e se sua afirmação é verdadeira ou falsa com caráter dedutivo.

Dessa forma, uma proposição é verdadeira quando é resultado de enunciados verdadeiros; quando um dos enunciados não o é, a proposição é invariavelmente falsa.

Tendo em vista que a lógica é a base de todo raciocínio matemático e de todo raciocínio automatizado, a lógica matemática tem aplicação no desenvolvimento de programas de computação, inteligência artificial e outros ramos da ciência da informatização. Os discursos partem de premissas ou hipóteses que seguem regras, as já citadas *inferências*, a fim de se chegar a uma afirmação que valha como resolução do problema proposto.

A matemática utiliza teoremas e demonstrações para seu esclarecimento lógico, que avalia a veracidade de uma proposição ou a validade de um argumento matemático. Uma demonstração é um argumento válido que estabelece a verdade de uma sentença matemática. No Quadro 2.1, elencamos alguns exemplos de demonstração.

Quadro 2.1 – Tipos de demonstração

Demonstração direta	A hipótese dessa condicional é verdadeira	"Se n é um número inteiro ímpar, então n2 é ímpar"	Ambos são ímpares
Demonstração por contra-exemplo	Um exemplo invalida a premissa	"Todo número primo é ímpar"	2 é par e é primo
Demonstração por contraposição	Equivalência lógica	"Se A, então B" é "se não B, então não A"	O inverso também é verdadeiro
Demonstração de proposições condicionais	Há uma implicação	"Se eu for eleito, então vou diminuir os impostos"	Se ele não for eleito, não há compromisso com os impostos

A lógica matemática não será contemplada na abordagem que aqui empreendemos.

— 2.2 —

Direito como um sistema lógico

O direito é um sistema lógico-formal no qual as normas (base de tal sistema) estão encadeadas racionalmente por inferências à lógica. Esta parte da norma geral e abstrata (sendo a Constituição a principal) e segue para a mais concreta e específica. Dessa forma, o direito é um sistema lógico, dado que a estrutura, a forma e a relação em que suas unidades são organizadas devem ser precisas.

Há também uma relação entre a norma e o fato; esta equivale à busca de uma solução para um conflito por meio de um ato racional de aplicação lógica. Cabe ao julgador fazer um silogismo lógico-dedutivo, no qual: a norma é a premissa maior; o fato, a premissa menor; e a conclusão, resultado da aplicação da lei genérica e abstrata. Aqui, cabe retomar o raciocínio kantiano que diferencia as leis da natureza de causa e efeito: o "ser" e o "dever ser".

A relação entre o "ser" e o "dever ser" ocorre pela experimentação, e a causalidade jurídica é prescritiva e instituída por um ato de autoridade. De tal modo, nem todo caso concreto pode ser analisado à luz do raciocínio lógico-dedutivo, visto que a norma apresenta lacunas, caráter vago e, muitas vezes, impreciso. Há, assim, a necessidade de acrescentar ao processo as operações não dedutivas, a analogia, a argumentação e a retórica como elementos além da lógica formal.

O direito tem imbricação direta com a lógica; isso em razão de sua complexidade, de sua natureza e de suas evoluções, principalmente ao se considerar o caráter do fenômeno jurídico transdisciplinar.

A **transdisciplinaridade** (Costa, 2013) é uma forma de compreender o mundo atual tendo como imperativo a unidade de conhecimento, isto é, traduzindo os conceitos de um campo para outro e conquistando equivalências conceituais com vistas a compreender mais do que explicar. Assim, ao capturar o dinamismo da vida, ainda segundo a autora, deve haver um o diálogo permanente entre o todo e a parte: "Por isso, a transdisciplinaridade exige uma dialética mais fina entre a parte e o todo, entre o indivíduo e o coletivo, entre a disciplina e o 'saber-sabedoria'" (Costa, 2013, p. 47-48). Outrossim, o direito e a linguagem unem-se e transpassam a separação disciplinar, dando sentido a uma linguagem utilizada em decisões judiciais; não se verificando, com isso, a descontextualização nem de uma nem de outra.

Não há, todavia, uma lógica jurídica, mas um grupo de lógica formal aplicável ao direito. Nesse contexto, o operador do direito se utiliza do discurso lógico e dogmático; mais do que isso, deve dominar um discurso retórico-argumentativo.

- **Discurso dogmático-jurídico** – Observa, examina e age de acordo com os valores e os princípios gerais do direito, sendo doutrinário. Nele, os conceitos e os fatos são aceitos como dogmas (fechados e fixos). Volta-se para os aspectos técnicos dos conhecimentos jurídicos e para o texto legal.
- **Discurso lógico-jurídico** (teoria zetética) – Parte do princípio de que todo e qualquer paradigma deve ser questionado, buscado e investigado. Diferentemente da teoria dogmática, toda premissa pode ser reavaliada por ser aberta e flexível.

Como marca distintiva, o discurso dogmático (termo derivado do item lexical grego *dokein*, que corresponde a "doutrinar") procura a confirmação de opiniões, ao passo que a zetética (termo originado do grego *zetein*, que significa "perquirir") questiona as opiniões já formadas. Por conseguinte, tanto a teoria zetética quanto a dogmática do direito devem ser de domínio do bom advogado. Isso porque uma soluciona o embate entre diferentes opiniões impondo-se com o que já está consolidado, e a outra investiga os motivos do conflito considerando os possíveis contextos.

A teoria dogmática se vale da relação entre conceitos e fatos, os dogmas; e a zetética perscruta o dogma como um objeto de investigação questionável, induzindo ao livre pensar. Kelsen (1986) propõe um equilíbrio entre essas duas teorias, em que a norma requer referências de conteúdo e condutas, devendo haver um bom senso entre a lógica e o direito.

O sistema lógico aplicado ao direito analisa os princípios e as regras com operações intelectuais na elaboração, na interpretação e na aplicação da norma.

Ademais, o raciocínio jurídico é constituído com base nas normas, e seu encadeamento racional ocorre em um cenário concreto com lacunas, desvios e mutações comuns nos seres humanos. Sendo assim, a lógica aplicada ao direito analisa as formas racionais de defesa de uma hipótese jurídica, tanto dedutivas quanto indutivas da lógica formal somadas à analogia, à argumentação e à retórica. Daí surgem divergências que precisam ser analisadas.

— 2.2.1 —
Hans Kelsen

Neste ponto desta obra, cabe discorrermos um pouco sobre o jurista e filósofo austríaco Hans Kelsen (1881-1973), grande estudioso do direito que contemplou também os campos da filosofia e da sociologia. Com grande rigor metodológico, debruçou-se sobre a teoria jurídica pura sem influência de ideologias e consciente da especificidade e da legalidade específica de seu objeto (Kelsen, 1999).

Kelsen (1999) separa o mundo das ciências naturais do universo das proposições jurídicas – isto é, o mundo do "ser" do mundo do "dever ser", ou a norma jurídica da prescrição da norma. Kelsen (1999) desenvolveu a **teoria pura do direito**, que amortiza a expressão do direito à norma jurídica. Com isso, o autor pretendia purificar o direito, libertando-o de considerações filosóficas e sociológicas.

Ele distingue as normas conforme a vontade do legislador, a do administrador e a do juiz, que a usam como uma forma de poder na busca de um "dever ser", das proposições jurídicas ou da ciência do direito, que não são atos de vontade, mas de pensamento. Para Kelsen (1999), a doutrina não cria normas, mas as descreve, tornando-as prescritivas, e não normativas. A ciência do direito conhece e descreve a norma, mas não as estabelece.

A contribuição de Kelsen (1999) é essencial no entendimento da relação entre direito e lógica. Os operadores do direito transitam entre a ordem jurídica, que não é lógica, e a ciência jurídica, que o é. Ciente dessa posição, o profissional do direito necessita conhecer a análise lógica dos enunciados, verificando sua veracidade ou não, ao mesmo tempo que pondera as normas como válidas ou não válidas para cada caso. Isso porque, quando se trata de normas, um conflito não é resolvido por princípios lógicos, mas por normas hierarquicamente organizadas no direito positivo (Kelsen, 1986).

— 2.2.2 —
Luís Recasens Siches

Luís Recasens Siches (1903-1977), filósofo espanhol nascido na Guatemala, propôs a **lógica do razoável**, preceito segundo o qual o juiz interpreta a norma por meio de um método que o leva à solução mais justa, considerando os problemas humanos.

A lógica do razoável, também denominada *lógica da equidade*, aplica a norma jurídica com base no princípio da razoabilidade, isto é, considera as ocorrências sociais, econômicas, culturais e políticas ao analisar um problema jurídico concreto, obviamente com bases nos parâmetros legais. Ela foi pensada por Recaséns Siches (1959) e atinge, principalmente, as camadas sociais mais desfavorecidas, por trabalhar com uma justiça mais viável e possível, indo além da interpretação literal.

Nesse sentido, a lógica do razoável é mais material e trata dos assuntos humanos, buscando uma solução mais justa, indo, muitas vezes, na contramão da lógica tradicional. Isso porque ela ajuda a decidir sobre um caso com base em situações particulares, com normas jurídicas individualizadas voltadas às situações concretas do mundo em que opera e percebendo o sentido e os nexos dos problemas humanos.

— 2.2.3 —
Chaïm Perelman

Chaïm Perelman (1912-1984) nasceu na Varsóvia e desenvolveu sua vida profissional em Bruxelas. Estudou a retórica moderna, e seu livro *Lógica jurídica: nova retórica* (2004) retrata suas reflexões sobre a lógica e a argumentação jurídica.

Ele questionou vários aspectos do raciocínio jurídico, entre eles a relação entre as decisões jurídicas e os argumentos. Perelman (2004) investigava como o raciocínio jurídico acontece e qual a influência da argumentação nas estruturas jurídicas. Ao fazer essas indicações, afastou-se da ideia de um raciocínio dedutivo mecanizado, exato e positivista.

O juiz, para Perelman (2004), representa a centralidade do processo jurídico, considerando que ele expressa a vontade da lei, indo além das interpretações dedutivas da norma, mas, obviamente, englobando todos os envolvidos no processo. Isso não quer dizer que a justiça é feita pelo juiz, mas que ele intermedeia a efetivação dela. Daí a curiosidade do filósofo sobre o raciocínio jurídico e o efetivo uso da lógica razoável, equitativa, aceitável e admissível.

A lógica de Perelman (2004) tem embasamento na lógica não formal, argumentativa, diferente da lógica dedutiva.

— 2.2.4 —
Robert Alexy

Robert Alexy (1945-), jurista e filósofo alemão, estudou a argumentação jurídica, temática de defesa de sua dissertação, na qual analisa os argumentos de forma analítica e descritiva. Alexy (2005) questiona a fundamentação racional das decisões jurídicas e propõe regras práticas para isso. São elas:

- **Regras básicas** – Condição prévia de toda comunicação linguística:
    1. Nenhum orador pode se contradizer.
    2. Todo orador só pode afirmar aquilo que ele próprio crê.
    3. Todo falante que aplique um predicado F a um objeto A tem de estar preparado para aplicar F a todo outro objeto que seja semelhante a A em todos os aspectos importantes.
    4. Diferentes oradores não podem usar a mesma expressão com diferentes significados.
- **Regras da razão** – Não é possível haver um discurso prático sem afirmações:
    1. Todo falante deve, quando lhe é solicitado, fundamentar o que afirma, a não ser quando puder dar razões que justifiquem a recusa a uma fundamentação.
    2. Quem pode falar pode participar do discurso.

3. Todos podem transformar uma afirmação em um problema.
4. Todos podem introduzir qualquer afirmação no discurso.
5. Todos podem expressar suas opiniões, seus desejos e suas necessidades.

- **Regras sobre a carga da argumentação**
  1. Quem pretende tratar uma pessoa A de maneira diferente da adotada para uma pessoa B está obrigado a fundamentar isso.
  2. Quem ataca uma afirmação que não é objeto da discussão deve dar uma razão para isso.
  3. Quem apresentou um argumento só é obrigado a apresentar outros no caso de surgirem argumentos contrários.
  4. Quem introduz uma afirmação que não sirva como argumento a uma manifestação anterior tem, se isto lhe é pedido, de fundamentar por que introduziu essa afirmação.

- **Regras de fundamentação**
  1. A pessoa que afirma uma proposição normativa, que pressupõe uma regra para a satisfação dos interesses de outras pessoas, deve poder aceitar as consequências dessa regra também no caso hipotético em que ela se encontre na situação daquelas pessoas.
  2. As consequências de cada regra para a satisfação dos interesses de cada um devem poder ser aceitas por todos.
  3. Toda regra pode ser ensinada de forma aberta e geral.
  4. As regras morais que servem de base às concepções morais do falante devem passar por uma análise histórico-

-crítica. Não passará por essa prova se: (a) a regra moral perdeu a sua justificação; (b) a regra não pôde ser explicada racionalmente desde sua origem nem há novas razões que a justifiquem agora.

5. É preciso aceitar os limites de possibilidade de realização dos dados de fato.

- **Regras de transição** – No discurso prático, surgem problemas que obrigam a recorrer a outros tipos de discurso. Isso dá lugar a mais três regras:

    1. Para qualquer falante e em qualquer momento, é possível passar para um discurso teórico.
    2. Para qualquer falante e em qualquer momento, é possível passar para um discurso de análise da linguagem.
    3. Para qualquer falante e em qualquer momento, é possível passar para um discurso de teoria do discurso. (Alexy, 2005, p. 187)

Tais regras desenvolvidas por Alexy (2005) apontam para uma coerência lógica, que pode ser aplicada ao discurso jurídico.

— 2.3 —
Lógica e realidade: conceitos fundamentais

A realidade refere-se a algo externo ao entendimento humano; ela contempla todos os fenômenos do universo e suas leis são independentes das vontades dos indivíduos. Cabe ao indivíduo somente conhecer e compreender seus princípios para, assim, se relacionar melhor com ela. Para tanto, há necessidade de estabelecer uma divisão entre o real e a percepção dos sentidos.

Ocorre que a realidade concreta se manifesta para a consciência por meio de dois níveis distintos: (i) a **aparência** e (ii) o **conteúdo**. A primeira é superficial, fenomênica; o segundo é mais profundo resultante de um esforço intelectual de análise, síntese, comparação e reflexão.

É por intermédio dos sentidos que se conhece a realidade. E esta sempre foi questionada diante da capacidade humana de analisar seus fenômenos. Por isso, foi polemicamente pensada de forma subjetiva: afinal, o conhecimento de um fenômeno é determinado pelo ponto de vista a partir do qual esse objeto de análise é observado. Assim, a lógica não corresponde, fundamentalmente, à realidade; um argumento pode ser lógico sem necessariamente refletir o real.

Platão apresentou a "Alegoria da caverna" como uma simbologia da relação entre os seres humanos e os conhecimentos. No mito, o filósofo grego mostra o ser humano amarrado de costas para a abertura da caverna. Voltado para as paredes da formação, o homem apenas podia perceber as projeções de figuras que a luz do fogo proporcionava. O pensador clássico demonstra, com isso, que o conhecimento da realidade é, na verdade, muitas vezes, somente uma projeção deformada do está acontecendo, isto é, o ser humano percebe somente as sombras do real.

Figura 2.6 – Mito da caverna

A lógica é o resultado do pensar sobre a realidade. Por meio do raciocínio dedutivo, composto por linguagem, inferências e semântica, tenta-se entender a realidade.

Figura 2.7 – Processo da lógica

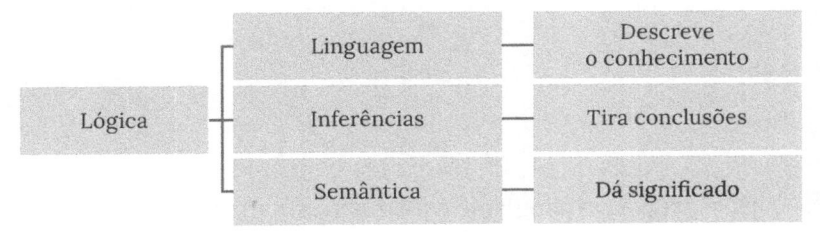

Lógica	Linguagem	Descreve o conhecimento
	Inferências	Tira conclusões
	Semântica	Dá significado

Portanto, há muitas formas de elaborar a lógica utilizada frente ao que se vê no mundo real. A seguir, detalhamos alguns arcabouços utilizados pela lógica.

— 2.3.1 —
Lógica silogística

Um dos objetos da lógica é o silogismo, que se refere aos argumentos formados de proposições das quais se retira uma conclusão. A lógica aristotélica tem como base os princípios racionais e silogismos.

Entende-se como *silogismo* o raciocínio dedutivo formado, basicamente, por duas proposições ou premissas das quais se parte rumo a uma conclusão. Para Aristóteles (2014), o silogismo apresenta as seguintes características: mediado, dedutivo e necessário. **Mediado** porque não é apreendido imediatamente pela percepção, e sim pelo raciocínio; **dedutivo**, pois parte de premissas universais para se chegar a outras, e **necessário** em razão da cadeia causal entre as premissas.

Figura 2.8 – Lógica silogística

Premissa maior + Premissa menor = Conclusão

Dessa forma, o silogismo é formado por: uma premissa maior, que apresenta um termo maior; uma premissa menor, que está contida na premissa anterior; e uma conclusão, que apresenta os dois termos anteriores. Um silogismo muito conhecido é o seguinte:

Quadro 2.2 – Exemplo de silogismo

A	Todos os homens são mortais.	Premissa maior.	A é B.
B	Sócrates é homem.	Premissa menor.	B é C.
C	Logo, Sócrates é mortal.	Conclusão.	C é A.

Estão expostos no exemplo argumentos que conduzem a uma conclusão, independentemente se as premissas são verdadeiras ou não, isto é, não se questiona se Sócrates é homem ou mortal, mas é o processo dedutivo que conduz das premissas à conclusão.

Há um termo médio que relaciona as duas premissas, o qual não aparece na conclusão (homens). Uma proposição é justificada com base em outra, o que é denominado na lógica tradicional de *axioma*.

Axiomas são proposições consideradas óbvias e, por isso, são utilizados na elaboração de uma teoria. Elas são evidentes e não precisam de outras proposições para serem comprovadas. Para que um silogismo seja válido, é necessário seguir determinada estrutura, conforme segue:

- Ser composto de três termos: (i) premissa maior, (ii) premissa menor e (iii) conclusão.
- A conclusão não pode ser maior que suas premissas.
- A premissa menor não pode aparecer na conclusão, devendo ser universal.
- Duas premissas negativas são inconclusivas.

- Duas premissas afirmativas não podem ter uma conclusão negativa.
- A conclusão acompanha a premissa menor.

Devemos ressaltar que nem todo argumento precisa de duas premissas para conduzir a uma conclusão, denominada *corolário da premissa*.

O silogismo ilustra o uso da lógica do razoável e da dialética como um contraponto à lógica formal. Muitas vezes, tal lógica não corresponde à realidade, deturpando-a por meio de falácias.

— 2.3.2 —
Dialética

Não é fácil definir dialética, visto que o termo apresenta diferentes acepções a depender da área do conhecimento que o emprega. Reale (2021) assinala que, de "Platão a Aristóteles, dos estoicos a Sartre, passando por Hegel e Marx", o termo contém distintas acepções. De acordo com o autor, a dialética corresponde a uma forma de conhecimento da verdade, como filosofia ou lógica.

Em sua essência, a dialética provoca uma contraposição a determinada "verdade". O termo *dialética* tem origem grega e significa "troca de palavras", estando relacionado com o diálogo. Se a lógica formal lida com uma realidade imutável, a visão dialética discute o movimento entre ideias, a contradição de opiniões.

Hegel (2000) elaborou a teoria das três fases da dialética: (i) tese, (ii) antítese e (iii) síntese.

A **tese** é uma ideia, a **antítese** é sua contradição, e a **síntese** é um conhecimento novo surgido da contraposição das duas primeiras. Em outras palavras, todas as ideias têm uma oposição, e o confronto das duas formam um novo conceito.

A dialética representa a contradição vista no direito, em que uma parte está em oposição à outra, e ambas buscam uma solução. Para tal, as bases da lógica informal são o intercâmbio argumentativo, os diferentes tipos de diálogos, a consequência lógica de uma colocação em outra, o uso de falácias, a retórica e o papel do auditório.

— 2.3 —
Proposições

As proposições são orações que apresentam asserções, ou seja, elas têm um teor, em princípio, verdadeiro, e cada enunciado apresenta uma ou mais proposições. Uma proposição é uma sentença declarativa, que pode ser verdadeira ou falsa, mas não ambas. Os princípios, por exemplo, são compostos por enunciados ou proposições, que nada mais são que orações declarativas. Nessas orações, os sujeitos e os predicados são denominados *termos* ou *categorias*.

Exemplo: ─────────────────────────────

"Todos os homens são mortais".

Na oração, o sujeito *Todos os homens* é um termo neutro, assim como o predicado *mortais*. Porém, juntos, os dois termos formam uma proposição.

───────────────────────────

Conforme já indicamos, as sentenças podem ser verdadeiras ou falsas, visto que não precisam ser portadoras de verdade. A combinação delas torna-se uma proposição, que igualmente carrega uma veracidade ou não.

— 2.3.1 —
Extensão e compreensão

Extensão é a dimensão ou tamanho dos elementos designados por um conceito. Na lógica aristotélica, ela se refere ao que o conceito está alcançando. Equivale ao que é abarcado (tudo ou todos) pelo conceito.

Exemplo: ─────────────────────────────

Conceito de ser humano: "indivíduo dotado de inteligência e linguagem".

A extensão desse conceito refere-se a um indivíduo inteligente. Isso signfica que tal apreciação se estende aos seres racionais, falantes e pensantes, distinguindo tal elemento de outros que não apresentam as mesmas características ou atributos.

Os conceitos, por sua vez, podem ser singulares, particulares ou universais. Os **singulares** referem-se a apenas um indivíduo: "meu pai", por exemplo. Os **particulares** correspondem a uma parte de uma classe: "os pais engenheiros". Os **universais** englobam todos os elementos de uma classe: "todos os pais".

Observamos que a extensão de um conceito está relacionada à sua **compreensão**. Se a extensão for reduzida, a compreensão será maior, por ser mais específica e singular; e quanto maior for a extensão, menor será sua compreensão, tendo em vista o número maior de possibilidades de entendimento.

— 2.3.2 —
Demonstração e argumentação

A grande distinção entre a lógica formal e a informal é a demonstração e a argumentação. A **demonstração** faz parte da lógica formal, pois tem como meta a validação dos argumentos. A **argumentação** pertence à lógica informal, visto que seu domínio são os efeitos da comunicação.

A demonstração envolve a proposição que é resultado de uma sequência dedutiva, na qual os axiomas são evidentes. É expressa por uma linguagem formal, evidencia verdades e não é necessariamente direcionada a um auditório. Já a argumentação pressupõe um auditório, e pode discutir todos os tipos de premissas por meio da linguagem natural, que contém em si ambiguidades e equívocos.

Figura 2.9 – Diferenças entre demonstração e argumentação

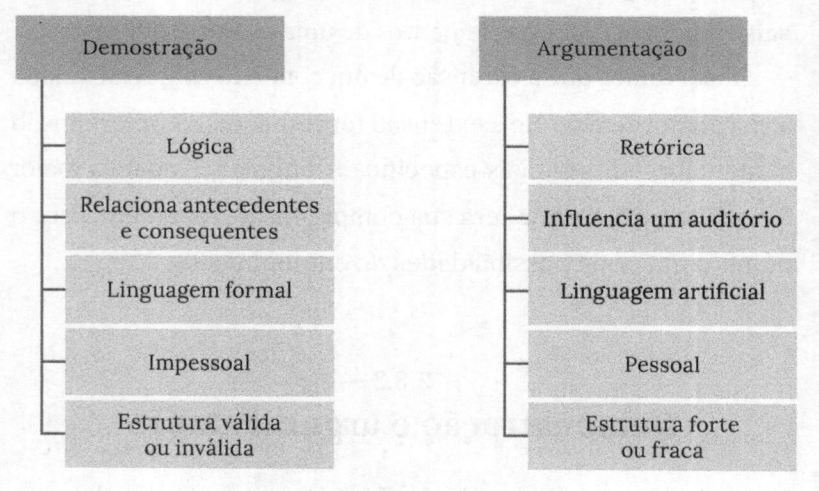

Demonstração	Argumentação
Lógica	Retórica
Relaciona antecedentes e consequentes	Influencia um auditório
Linguagem formal	Linguagem artificial
Impessoal	Pessoal
Estrutura válida ou inválida	Estrutura forte ou fraca

Os argumentos são propriedades formadas por premissas e conclusão resultante destas. Para comprovar a validade de um argumento, convém utilizar o **diagrama de Euler** para analisarmos os clássicos argumentos expostos na Figura 2.10.

Figura 2.10 – Diagrama de Euler: aplicação

Primeira premissa: Todo homem é animal.
Segunda premissa: Todo animal é mortal.
Conclusão: Todo homem é mortal.
Consideremos que:

A representa *os homens*.
B representa *os animais*.
C representa *mortal*.

Todo A é B.

Todos os homens (A) são animais (B).

Nem todo animal (B) é homem (A); isso significa que todos os indivíduos do conjunto A, fazem parte do conjunto B; logo, todos os homens são animais.

Todo B é C.

Todos os animais (B) são mortais (C).

Nem todo mortal (C) é animal (B), ou seja, todo animal é mortal.

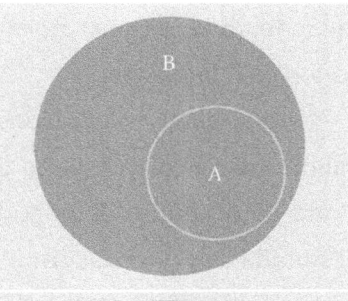

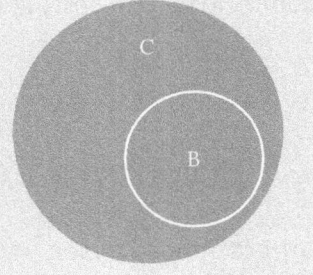

Todo A é B, todo B é C.

Logo, todo A é C, ou, todo homem (A) é mortal (C).

Não há nada que seja homem (A) e não seja mortal (C); isso é impossível de acordo com a representação de Euler.

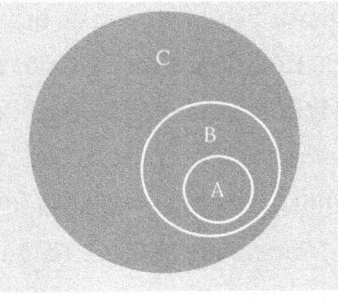

Prova-se, com isso, que as proposições estruturam o argumento lógico de forma dedutiva, sendo válido quando as conclusões seguem as premissas postas. Os argumentos são utilizados para convencer, ser convencido, justificar ou explicar; são o que conduz a uma conclusão. Eles podem ser persuasivos (quando utilizados na retórica) ou demonstrativos (quando aplicados na demonstração).

Os axiomas são verdades inquestionáveis, universalmente válidas; não necessitam de dedução para serem comprovados. Trata-se do ponto de partida do raciocínio. Uma proposição assumida como verdadeira e que não precisa de prova também é conhecida como *postulado*.

— 2.4 —
Estrutura lógica e argumento

A argumentação busca o convencimento. Assim, ela se fundamenta na lógica a fim de que haja adesão às colocações do emissor. Uma organização básica da argumentação jurídica é a **teoria tridimensional** de Miguel Reale (1999), cuja base dialética corresponde ao tripé: (i) o "ser" é o fato; (ii) o "dever ser" é a norma; e (iii) o "poder ser" é o valor.

Para Reale (1999), o fenômeno jurídico parte de um fato relevante que pode ser tido como algo justo ou injusto, bom ou ruim, adequado ou inadequado aos que o compõem. Para a análise dessas qualidades do fato, existe a norma, que determina o valor do fato.

A relação entre a teoria tridimensional e o argumento jurídico se estabelece porque, para convencer, uma tese precisa ser adequada e provada por meio da exposição organizada dos fatos. dito de outro modo, deve comungar com a norma e, assim, ter seu valor reconhecido.

Tal organização deve ficar evidenciada na argumentação, que pode ter uma fundamentação simples, em casos comuns, ou complexa, em casos mais difíceis, dependendo do fato.

Em **casos comuns**, a argumentação baseia-se no ordenamento jurídico fundamentado na legislação, na doutrina ou na jurisprudência, de modo que sua solução é mais óbvia, podendo alicerçar-se na lógica dedutiva.

Os **casos difíceis** não são resolvidos por mera subsunção do fato, pois exigem, de acordo com Atienza (2017), uma combinação de enunciados descritivos, normativos e avaliativos. Isso porque, para convencer o auditório, é necessário, além das bases jurídicas, buscar fundamentação em outras áreas, tais como a moralidade, o social, o espiritual, o racional, entre outras.

Atienza (2017) acrescenta à teoria de Reale dois aspectos fundamentais: (i) o "por vir", que consiste nos valores conectados à fraternidade e à solidariedade; e (ii) o "que é", que correspondem aos valores atrelados à política, superando a estrutura tridimensional em direção a uma ideia de estrutura pentagonal do direito.

— 2.4.1 —
Fórmulas lógicas na linguagem natural

Nas manifestações linguísticas, as fórmulas lógicas são percebidas internamente no texto, uma vez que são compostas de modo formal na mente de quem as elabora. Elas estão presentes nas proposições e nos argumentos, que têm uma combinação entre seus termos. Essas relações se efetivam por meio de conectores, que denotam uma ligação, os quais podem ser classificados conforme mostra a figura a seguir.

Figura 2.12 – Conectivos lógicos

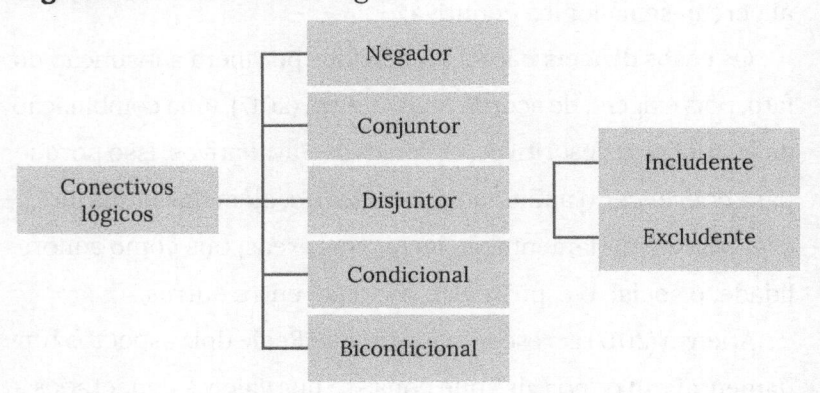

```
                        ┌── Negador
                        │
                        ├── Conjuntor
                        │                   ┌── Includente
Conectivos ─────────────┼── Disjuntor ──────┤
lógicos                 │                   └── Excludente
                        ├── Condicional
                        │
                        └── Bicondicional
```

Detalhando cada um deles, temos que:

- Negador – Inverte o valor de verdade: "Ele é homem, ele não é homem".
- Conjuntor – Soma duas proposições: "Ele é homem e é forte".
- Disjuntor – Envolve ambiguidade:

- includente: abrange uma coisa e outra: "Para ser homem deve ser do gênero masculino e adulto".
- excludente: aceita uma coisa ou outra: "Ou ele é homem ou é mulher".
- Condicional – Exprime condicionalidade: "Só será julgado se ele for homem".
- Bicondicional – Contém duas condições cruzadas: "Ele só é homem se for do sexo masculino e se for adulto".

A lógica não se restringe ao uso de fórmulas de organização da língua, pois também possibilita a verificação da verdade ou da falsidade dos enunciados para, então, partir-se para o conteúdo do argumento. Afinal, um argumento pode ser muito bem organizado, mas pode apresentar falácias.

— 2.4.2 —
Falácias

Termo de origem grega, *falácia* é um enunciado falso que simula veracidade. Para formá-lo, utilizam-se um erro de raciocínio e argumentações inconsistentes. Na realidade, trata-se de um raciocínio incorreto, mas altamente persuasivo. As falácias também são denominadas *sofismas*.

A falácia adota um raciocínio que se assemelha a uma lógica verdadeira, entretanto há determinado equívoco em sua composição que o torna falso. Em suma, ela utiliza de argumentos logicamente inconsistentes, sem fundamento, inválidos ou falhos.

Tais enunciados podem ser: **formais**, quando há uma intencionalidade de validar um raciocínio dedutivo inválido; ou **informais**, quando apresentam outra forma de construção.

Aristóteles (2005) chamou as falácias informais (ou não formais) de *argumentos dialéticos* ou simplesmente *prováveis*, que seriam construídos sobre opiniões ou afirmações aceitas que produziriam um efeito de adequação com relação ao que é posto. São raciocínios desprovidos de rigor lógico que buscam na identificação emocional valorada ou ideológica bases para sua comprovação.

São várias as classificações de falácia, sendo as mais conhecidas as listadas a seguir.

- **Bola de neve** ou **da derrapagem** – Acontece quando um fato tem seu final aumentado a fim de invalidá-lo. Ex.: "Se não houver regras, todos praticarão atos ilícitos".
- **Ataque pessoal** ou *ad hominem* (contra o homem) – Tem a intenção de atacar quem elaborou o argumento. Ex.: "O juiz pode proferir essa sentença, visto que ele não será tocado por ela".
- **Do espantalho** – Defende um termo para favorecimento próprio, deturpando um argumento para torná-lo aceitável. Trata-se de um recurso muito utilizado por politiqueiros. Ex.: "Devemos seguir as leis, as pessoas querem cometer os atos ilícitos que lhes convém. Mas o mais importante nem sempre é o que nos convêm".

- **Anfibologia** – Atribui diferentes significados a uma sentença. Ex.: "A polícia prendeu o assaltante em sua casa".
- **Várias perguntas** – Emprega perguntas que comportam várias respostas. É utilizada por advogados em interrogatórios. Ex.: "Você já fez mal para seus filhos? Você sempre diz a verdade? Você nunca mentiu?".
- **Da ignorância do assunto** ou *ignoratio elenchi* – Trata do que não está em pauta; apresenta uma conclusão que não tem provas em seu contra-argumento. Ex. uma pessoa que acredita em extraterrestres, visto que não foi comprovado que eles não existem.
- **Do escocês** – Apresenta um argumento e, em seguida, seu contra-argumento, tornando o primeiro inválido. Ex.: "Todo homem é mais forte que as mulheres. Você é um homem e não é forte. Logo, você não é um homem de verdade".
- **Composição** – Atribui características próprias de um elemento a todos os outros. Ex.: "Ele é um excelente advogado, assim você será inocentado".
- **Sinédoque** – Parte de algo que é tomado como o todo, relacionando o continente com o conteúdo. Afirmações generalizadas como "Os seres humanos são maus" é uma falácia, visto que alguns seres humanos podem não ser maus.

No uso da linguagem cotidiana, deparamo-nos com usos enganosos de aparentes verdades. Não se recomenda o uso delas no universo forense, pois se trata de erros no modo de pensar, não refletindo a busca da verdade e da justiça. Contudo, é importante conhecê-las a fim de não ser ludibriado.

— 2.5 —
Formas de argumentação jurídica

A argumentação constitui um conjunto de ações humanas cuja finalidade é requerer a adesão de um julgador por meio de convencimento ou persuasão. Os argumentos fundamentam as opiniões expressas nos textos jurídicos. Por meio de pretensões, é validada ou não a fundamentação dada aos processos de exteriorização de opiniões. Na realidade, trata-se de recursos linguísticos na busca do convencimento, sugerindo um juízo provável e/ou razoável.

A organização do discurso argumentativo ocorre de diferentes formas, mas uma disposição dialética básica começaria por uma contextualização do caso, em que é apresentada uma controvérsia. Em seguida, é proposta a tese da parte e, então, sua contraposição, que seria a posição contrária à tese posta. Posteriormente, são apresentados os argumentos e a conclusão.

Ao argumentar, o operador do direito pode se valer de expediente como prova, demonstração, indício, razão, a fim de chegar a uma conclusão; o importante é conhecer os tipos de argumentos e utilizá-los de forma planejada e eficaz. Vejamos, a seguir, alguns deles.

Argumento de autoridade
(*ab auctoritate* ou *ad verecundiam*)

O argumento de autoridade tem como base a opinião de quem tem prestígio. Dessa forma, a tese é legitimada por meio da citação de um especialista, da opinião de um terceiro ou de um dado sobre determinado assunto, cabendo o uso de polifonia, paráfrase e citação. Essa opinião dá credibilidade ao argumento proposto, desde que tal autoridade seja reconhecida e tenha alcançado respeitabilidade na área de discussão. Assim, se a tese versa sobre educação, um professor seria uma autoridade; um médico valida um argumento sobre saúde; um psiquiatra atesta sobre comportamento.

Argumento de oposição (*a contrario sensu*)

O argumento de oposição é aplicado quando é apresentado um ponto de vista diferente do defendido, isto é, de forma adversa. Acontece quando algo é considerado lícito, e seu contrário é ilícito. O uso da perspectiva contrária oferece uma nova possibilidade de conclusão. É comum o uso de conectores argumentativos concessivos e adversativos, como *embora, se bem que, ainda que, mas, porém, todavia, mesmo que, apesar de*, entre outros.

O uso desse tipo de argumento demonstra certa imparcialidade, visto que se consideram diferentes pontos de vista.

Argumento por analogia (*a pari ou a símile*)

O argumento por analogia usa a similaridade do caso com outros, principalmente quando há lacunas na norma. Pode ser empregado quando se considera que um princípio é comum a dois casos, ou seja, se um enunciado é válido em um caso, deve ser também em outro semelhante. Assim, ao se estabelecer relação de semelhança entre diversos e compará-los, compartilham-se direitos comuns, comprovando que a justiça deve dar o mesmo tratamento a todos.

A jurisprudência é comumente utilizada na construção da argumentação por analogia, influenciando um julgamento com algo que já foi julgado.

Argumento contra a pessoa (*ad hominem* ou *ad personam*)

Esse argumento é utilizado não contra outro argumento, mas contra a pessoa que o proferiu. Trata-se de um ataque direto que põe em dúvida o caráter e a confiabilidade da outra parte, a fim de desqualificar suas colocações.

Ele pode ser abusivo quando se coloca em dúvida o caráter da pessoa, a motivação ou a história da vida de quem se ataca.

Argumento de coisa (*as rem* ou *ad humanitatem*)

O argumento de coisa refere-se à coisa, em oposição ao *ad hominem*. Tem base na verdade consensual da humanidade, como a relação causa e efeito, as circunstâncias geográfica, temporal, de modo etc.

Argumento *a fortiori* (*a fortiori ratione*)

O argumento *a fortiori* significa "com muito mais razão", corresponde, assim, àquele que, ao estabelecer a relação entre dois eventos, demonstra haver uma proporcionalidade, cunhando parâmetros interpretativos do direito. Uma evidência, de acordo com esse argumento, é menos frágil que outra, buscando-se a aplicação mais extensiva da lei.

Argumento de senso comum

Os argumentos de senso comum são os que se utilizam da opinião de consenso geral e que são difíceis de serem combatidas, por serem óbvias.

Argumento de concessão

O argumento de concessão acontece quando se aceita o argumento de um oponente. Tal concordância ocorre de forma aparente, a fim de dar abertura para a colocação de sua tese. Trata-se, em verdade, de uma manobra argumentativa que busca enfraquecer a outra parte.

Argumento do absurdo
(*ab absurdo* ou *reductio ad absurdum*)

O argumento do absurdo evidencia a falsidade de uma proposição, a não validade de uma tese. Para isso, apresenta fatos inaceitáveis ou incompreensíveis a fim de comprovar um argumento que o contradiz.

Argumento de causa e efeito ou vínculo causal

O argumento de causa e efeito apoia-se nas relações de causalidade e suas consequências. Um fato gera consequências, sendo algumas previstas, e que contribuem para provar a existência de um fato que as condiciona.

Argumento por comprovação

Esse argumento é um dos mais seguros, visto que utiliza dados estatísticos e percentuais. Trabalha com dados quantitativos, os quais provam determinados fatos por meio de demonstração matemática.

Cada argumento tem suas características e consegue persuadir ao ser usado na situação certa. O discurso argumentativo não apresenta uma organização rígida em relação às diferentes complexidades de uso, finalidade e estratégias pretendidas. Ao argumentar juridicamente, pretende-se convencer mas há também a possibilidade de negociar. É importante, ainda, lembrar que, para todo argumento, existe um contra-argumento que deve ser considerado.

A argumentação e suas técnicas são processos do raciocínio jurídico. Nelas são expressas a ordenação das ideias e a adequação a determinadas situações.

Síntese

Neste capítulo, abordamos a construção de verdades ou falsidades sobre a realidade. Conhecer os caminhos lógicos é fundamental para um operador do direito. Isso porque não se trata somente de uma atividade intelectual, mas também de um processo que requer habilidade na construção da argumentação jurídica. Assim, há a necessidade de se conhecer como se constroem as alegações a serem utilizadas em uma situação real.

Por meio da dedução e da indução, das lógicas formal e não formal, dos princípios básicos para a validação de uma colocação, do método dialético, das proposições e da demonstração, foi possível analisar a relação entre o direito e o sistema lógico.

Nesse sentido, o papel da lógica deve tomar corpo no direito e ser empregado na busca do convencimento. Ao estudar as formas de argumentação jurídica, as falácias e seus recursos, o profissional torna-se potencialmente mais competente em seu ofício.

A interação entre os saberes apresentados cria uma interação processual e permanente para as construções complexas do pensar, mediadas pela natureza das experiências sociais que se desenrolam na prática cotidiana de todos.

Capítulo 3

Português jurídico

É inegável a importância do domínio da norma padrão pelo operador de direito. Além da necessidade laboral, há o desenvolvimento intelectual do acadêmico. A lingua portuguesa não se trata apenas de uma ferramenta de trabalho; é também meio de inserção do sujeito em um universo discursivo, em uma formação discursiva que exerce um papel determinante na consolidação de uma visão de mundo ou formação ideológica.

As regras da língua portuguesa em sua variante brasileira têm características conservadoras e idealizadas, fundamentalmente por ter sua origem histórica representada por lutas e poder. Por ser utilizada em um território extenso, apresenta variações significativas e culturalmente relevantes e congrega um processo multifacetado de usos. Dessa forma, ter e seguir uma norma torna, muitas vezes, o processo de estudo da língua um trabalho árduo, permanente e incansável, pois são necessárias diferentes adaptações na busca da comunicação efetiva.

Diante desse contexto de tantas flexibilizações, não há de se estranhar a existência de diferentes gramáticas e os muitos embates, muitos deles motivados por preconceitos linguísticos e sociais no cenário brasileiro.

— 3.1 —
Gramáticas da língua portuguesa

A gramática regula a língua estabelecendo padrões tanto na escrita quanto na fala de um idioma, principalmente para sua preservação. Nela, encontramos as regras e as normas do uso formal da língua. Todavia, não há somente uma forma de se utilizar uma língua, já que há elementos de variações e diferentes visões de uso. Portanto, há também diferentes gramáticas da língua portuguesa, conforme elucida o quadro a seguir.

Quadro 3.1 – Tipos de gramática

Normativa ou prescritiva	Volta-se para a língua culta padrão. Tem fins didáticos e vê na correção um fim em si mesmo, buscando manter no estudo gramatical a preservação da língua como um patrimônio cultural.
Descritiva ou sincrônica	Relaciona as regras do uso da língua com as variações linguísticas e os contextos de sua ocorrência. Entende a comunicação como troca de mensagens, não considerando certo ou errado no processo em que se realiza.
Histórica	Estuda a origem e a evolução da língua, no que se chama de *estudos diacrônicos*.
Comparativa	Relaciona a língua com outras de uma mesma família; no caso da língua portuguesa, com as línguas românicas – espanhol, francês, italiano e romeno.

A gramática normativa, utilizada pelos operadores do direito, tem divisões de acordo com a abordagem que realiza em seus estudos. Mostramos as mais comuns na figura a seguir.

Figura 3.1 – Gramática normativa

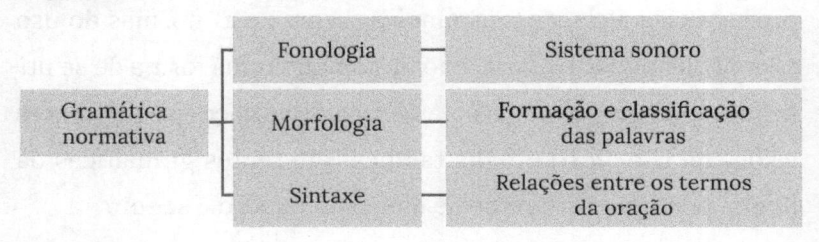

Gramática normativa		
	Fonologia	Sistema sonoro
	Morfologia	Formação e classificação das palavras
	Sintaxe	Relações entre os termos da oração

Na gramática, há também o **estudo estilístico**, que analisa os processos de manipulação da linguagem, a expressividade da língua e o uso de recursos que permitem ampliar a expressividade emocional e estética. É muito utilizado nos meios literários. A expressividade dos discursos é estudada por meio dos recursos estilísticos.

Há, ainda, os **estudos semânticos**, que analisam o significado dos vocábulos, das frases e dos textos.

Por fim, há a **pontuação**, que estabelece as partes do discurso e suas ligações e relações entre os termos da oração.

— 3.1.1 —
Organização da gramática normativa

A organização da gramática normativa é feita conforme exposto no quadro a seguir.

Quadro 3.2 – Organização da gramática normativa

Fonética	Morfologia	Sintaxe
Ortoépia	Estrutura	Função analítica
Prosódia	Flexão	Regência
Ortografia		Concordância

Na **fonologia**, a ortoépia estuda a pronúncia das palavras; a prosódia, a acentuação; e a ortografia, como as palavras devem ser escritas.

Na **morfologia**, estuda-se a classificação das palavras em classes, a estrutura de formação e composição dos termos e a flexão que elas podem ter.

Na **sintaxe**, analisam-se a organização das frases, das orações e dos períodos; os termos que formam as orações; a regência e a concordância dos nomes e dos verbos e a colocação dos pronomes em relação aos verbos.

No universo jurídico, por trabalhar com a norma, exige-se o emprego (tanto quanto possível, pois o que se efetiva, na realidade, é a norma culta, sobre a qual trataremos adiante) do que rege a gramática normativa, principalmente para evitar dúvidas de entendimento e, sobretudo, por ser precisa.

— 3.2 —
Variação linguística

Um dos aspectos da língua é a variação. A língua é dinâmica e, por isso, variável. Isso assim é, primeiramente porque os sujeitos não elaboram a fala da mesma forma, ou seja, as pessoas têm referências diferenciadas, tanto sociais e políticas quanto históricas e regionais. Em segundo lugar, porque a língua não é uma entidade imutável, homogênea; é, em verdade, um conjunto heterogêneo e diversificado. Por fim, porque, por ser produzida por seres humanos, a linguagem carrega características inatas deles, que são percebidas na fala e, até mesmo, na escrita. Afinal, a linguagem é organizadora da identidade de seus usuários.

A variação linguística acompanha as mudanças da sociedade, podendo ser do tipo diacrônica ou sincrônica.

Figura 3.2 – Variações linguísticas

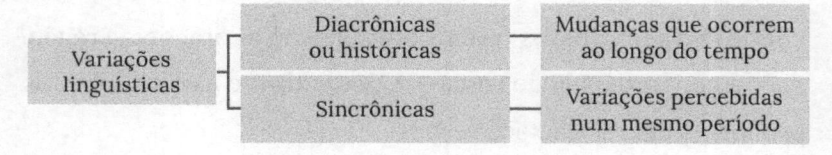

Variações linguísticas	Diacrônicas ou históricas	Mudanças que ocorrem ao longo do tempo
	Sincrônicas	Variações percebidas num mesmo período

As variações sincrônicas têm, por sua vez, algumas categorias, tais como variação regional, social, meio oral ou escrito, registro formal ou informal.

Diante da noção de variação, é de suma importância repensar os conceitos de *certo* ou *errado* quando o tema é a língua; isso porque não haveria um "errado", mas sim uma inadequação. Situações formais exigem o uso de uma língua mais cuidada, da mesma forma que, em circunstâncias informais, não é de bom tom usar uma linguagem cerimonial. De tal modo, a todo tempo os usuários da língua tentam adequar sua expressão à situação de uso, principalmente porque os falantes, por serem seres sociais, buscam se enquadrar no grupo com que estão a interagir, a fim de evitar o preconceito linguístico.

O **preconceito linguístico** é uma forma de discriminação relacionada à maneira de falar ou escrever, a qual é representada por atitudes pejorativas a respeito da pessoa que usa a língua de forma diferente daquela ao que determinado interlocutor ou auditório está habituado. É comum pessoas que moram nos grandes centros estranharem a fala daqueles que vivem no interior ou alguns tipos de regionalismos, como os sotaques, ou, ainda, a escolha de certos vocabulários. Contudo, a variedade é justamente o que mantém e reaviva a língua, pois nela são manifestadas as riquezas culturais de um país.

Assertivamente, alguns linguistas defendem que não há formas melhores ou piores de comunicação quando esta é efetiva. A esse respeito, esses estudiosos da língua tecem críticas ao prestígio social dado à norma padrão. O que há é a **adequação** ao contexto.

Para além do preconceito linguístico, há valores relacionados ao domínio ou não da norma. Costuma-se, de modo pouco acurado, correlacionar os saberes de regras da língua com os **saberes de uma profissão**. E isso ocorre principalmente no mundo jurídico, no qual a língua é uma ferramenta. Não se concebe um operador do direito, por exemplo, trabalhar com as normas se não as conhece quando dela faz uso para se comunicar.

Para os operadores do direito, dominar a norma padrão é imprescindível, visto que precisam utilizá-la para expressar uma vontade baseada na lei.

— 3.3 —
Estudo da norma culta

A norma culta, ou norma padrão, é um conjunto de prescrições no uso da língua; elas se assemelham a leis arbitrárias, prescritas no sentido de regularizar a língua.

É preciso saber que existem variações, conforme vimos informando, que convivem com a norma padrão em uma mesma comunidade, podendo variar conforme as diferentes culturas e as situações regionais, históricas e sociais. Isso significa que há outras formas de usar a língua diferentes do padrão; o que não significa que são formas incultas; elas apenas diferem do que se apregoa normativamente. Contudo, por óbvio, no universo jurídico é imprescindível o uso da norma padrão.

Faraco (2008) diferencia a norma padrão da norma culta: esta seria um conjunto de fenômenos linguísticos que acontecem no uso dos falantes letrados; já aquela corresponderia a um conjunto sócio-histórico tido como referência de uniformização, porém abstrata, visto que somente é utilizada em determinadas situações de forma monitorada.

— 3.3.1 —
Fonologia e fonética

A fonologia e a fonética são áreas da linguística que estudam os aspectos fônicos, físicos e fisiológicos da língua, principalmente os sons da fala e sua representação escrita.

A **fonologia** estuda o sistema sonoro de um idioma, focando, sobretudo, nos fonemas, que, ao se juntarem, formam as sílabas e as palavras. É a parte linguística da fala.

A **fonética** estuda os aspectos acústicos e fisiológicos dos sons da fala durante sua articulação, as pronúncias e as possíveis variações. Podemos dizer que é a parte física da fala.

Nossa fala é silábica, isto é, cada jato de ar que sai de nossos pulmões faz as cordas vocais vibrarem e formarem as sílabas, que formam as palavras. Quando uma palavra é composta de uma sílaba somente, é denominada *monossílaba*; de duas, *dissílaba*; de três, *trissílaba*; e de mais de três, *polissílaba*.

As letras são a representação gráfica dos sons. A menor unidade sonora da língua é denominada *fonema*. Os fonemas são classificados em vogais, semivogais e consoantes. As vogais são fonemas produzidos com o ar passando livre pela garganta, elas também são o núcleo de cada sílaba. São representadas graficamente pelas letras: **A, E, I, O e U**.

Na língua portuguesa, não há sílaba sem uma vogal. Isso significa que toda sílaba deve ter uma vogal; o /i/ e o /u/, quando juntos de outras vogais na mesma sílaba, são denominados *semivogais* e, algumas vezes, eles podem ser representados por "e", "o" ou "m".

Separação de sílabas e encontro vocálico

Saber separar sílabas é importante, visto que isso permite perceber melhor o processo de acentuação silábica. Antes, porém, convém rever os encontros vocálicos.

Encontro vocálico, como o próprio nome diz, ocorre quando há duas vogais juntas em uma mesma palavra. Ele pode acontecer em três casos: ditongo, tritongo e hiato.

1. **Ditongo** – Tem duas vogais na mesma sílaba (a mais forte é chamada de *vogal*, e a mais fraca, de *semivogal*).
2. **Tritongo** – Apresenta três vogais na mesma sílaba.
3. **Hiato** – Consiste em encontro de duas vogais na mesma palavra, porém em sílabas diferentes. Nesse caso, em cada sílaba, ocorre somente uma vogal; a outra atua como semivogal. O "a" é sempre a vogal, o "i" e o "u" são semivogais quando junto de outra vogal.

Quadro 3.3 – Encontros vocálicos: exemplos

Ditongo		Tritongo		Hiato	
série	ie	Parag**uai**	uai	memó**ria**	me-mó-ri-a
próprio	io	ig**uais**	uai	sa**í**da	sa-í-da
pouco	ou	averig**uei**	uei	**poe**sia	po-e-si-a
mais	ai	Sag**uão**	uao	democra**cia**	de-mo-cra-ci-a

Os **encontros consonantais** são a junção de consoantes no mesmo vocábulo, mas não necessariamente na mesma sílaba.

Já os **dígrafos** ocorrem quando duas letras não são separadas em sílabas, quando são emitidas como um único fonema.

Os dígrafos consonantais são: *ch, lh, nh, rr, ss, sc, sç, xc, xs, gu, qu*. Os dígrafos vocálicos correspondem a: *am, an, em, en, im, in, om, on, um, un*.

Ortoépia

A ortoépia diz respeito à correta pronúncia das palavras e de suas decomposições, bem como à correta emissão das vogais e das consoantes, a articulação entre elas e a conexão das palavras nas frases. Os desvios de um desses itens são chamados de *cacoépias*.

Quadro 3.4 – Cacoépias mais comuns

Ocorrência	Pronúncia correta	Desvio da norma culta
Erro no timbre da vogal	omelete, dolo (com som aberto "é" e "ó")	Timbre fechado (ê e ô, respectivamente)
	alcova, bodas, crosta (com som fechado "ô")	Timbre aberto (ó)
Omissão de fonema	estoura	"estóra"
	cantar	"cantá"
	prostrar	"prostar"
	reivindicar	"revindicar"
Acréscimo de fonema	advogado	"adevogado"
	psicologia	"pissicologia"
	designar	"desiguinar"
	beneficente	"beneficiente"
Substituição de fonema	privilégio	"previlégio"
	cabeçalho	"cabeçário"
	bueiro	"boeiro"

(continua)

(Quadro 3.4 – conclusão)

Ocorrência	Pronúncia correta	Desvio da norma culta
Troca de fonema	estupro	"estrupo"
	meritíssimo	"meretíssimo"
	empecilho	"impecilho"
Vogais nasalizadas	sobrancelha	"sombrancelha"
	bugiganga	"bungiganga" ou "buginganga"
	mendigo	"mendingo"
Pronúncia acentuada da crase	A sessão terminou às duas horas	"aàs" duas horas

Prosódia

A apropriada acentuação das palavras é denominada *prosódia*.

Quadro 3.5 – Prosódia e erros comuns

Forma correta	Erro comum
avaro	"ávaro"
condor	"côndor"
gratuito (úi)	"gratuíto"
interim	"ínterim"
mister	"míster"
nobel	"nóbel"
pudico	"púdico"
rubrica	"rúbrica"
ruim	"ruím"
sutil	"sútil"

Algumas palavras admitem dupla pronúncia, conforme Quadro 3.6.

Quadro 3.6 – Dupla pronúncia

ortoépia	ou	ortoepia
acróbata	ou	acrobata
hieróglifo	ou	hieroglifo
homília	ou	homilia
biópsia	ou	biopsia
boêmia	ou	boemia
xerox	ou	xérox
soror	ou	sóror

Acentuação gráfica

Listamos, inicialmente, os acentos gráficos utilizados na língua portuguesa no Quadro 3.7.

Quadro 3.7 – Acentos gráficos e sinal gráfico til

Acento agudo	´	(é)
Acento grave	`	(à)
Acento circunflexo	^	(ô)
Til	~	(ã e õ)

O til não é considerado acento, mas um é sinal de nasalização, isto é, ele não indica necessariamente a sílaba tônica (mais forte). Algumas vezes uma palavra pode apresentar um acento e o til, como *órgão, órfão*.

No português, as palavras são formadas foneticamente por sílabas átonas (mais fracas) e uma sílaba tônica (mais forte, que é pronunciada com mais intensidade). Na língua portuguesa, há três posições em que a tônica aparece: na última, na penúltima ou na antepenúltima sílaba.

A localização da sílaba tônica determina a classificação das palavras quanto à acentuação gráfica, conforme registrado no Quadro 3.8.

Quadro 3.8 – Sílaba tônica e acentuação gráfica

Oxítona	última	sa-bi-á
Paroxítona	penúltima	sa-bia
Proparoxítona	antepenúltima	sá-bi-a
PAROXÍTONAS: são acentuadas as palavras paroxítonas terminadas em:		
R	caráter, revólver, éter, mártir, açúcar, cadáver, néctar;	
X	tórax, fênix, ônix, cóccix, córtex, códex, xérox (xerox), látex;	
N	éden, hífen, pólen, abdômen, líquen, sêmen;	
L	amável, ágil, fácil, hábil, cônsul, desejável, útil, nível, têxtil;	
i, is, u, us	júri, júris, beribéri, biquíni, lápis, bônus, táxi, cútis;	
um, uns	médium, álbum, álbuns, fórum, fóruns;	
ã, ãs, ão, ãos	órfã, órfãs, ímãs, órgãos, sótão, ímãs;	
on, ons	próton, elétrons, nêutrons, íon, náilon;	
ps	bíceps, fórceps, tríceps;	
ditongo oral	história, cárie, infância, tréguas, aquário, área, imundície	
OBS.: Paroxítonas terminadas em "ens" NÃO são acentuadas: polens, jovens, homens.		

(continua)

(Quadro 3.8 – conclusão)

OXÍTONAS: são acentuadas as palavras oxítonas terminadas em:	
-a(s), -e(s), -o(s), -em(ens)	maracujá, chaminé, português, xodó, paletós, refém, parabéns

MONOSSÍLABAS TÔNICAS: são acentuadas as palavras monossílabas tônicas terminadas em:	
-a(s), -e(s), -o(s)	pá, pé, pó, nós, só, já, pás

Observe que, nas regras de oxítonas e monossílabas, difere o "em": acentua-se somente as oxítonas termandas em "em", as monossílabas não são acentuadas.

Crase

A palavra *crase* vem do grego *krasis* e significa "fusão", "junção", "mistura". Em português ocorre a crase com as vogais idênticas a + a. Tal fusão é identificada pelo acento grave (`). O "a" pode assumir diferentes classes gramaticais, entre elas a de artigo e a de preposição.

O "a" recebe acento grave (crase) quando substitui a junção da preposição *a* e do artigo *a*.

Quadro 3.9 – Ocorrência de crase

	Preposição	Artigo	
Ele foi	para	uma	praia.
Ele foi	a	uma	praia.
Ele foi	para	a	praia.
Ele foi	a	a	praia.
Ele foi	à		praia.

- A **regra geral** é: Há crase sempre que o termo regente exige a preposição *a* e o termo regido admitir o artigo *a* ou *as*. Para confirmar o uso basta:

  (i) Trocar o termo regido por um masculino correlato:

Eu me referi ao diretor.	Ao = preposição *a* + artigo *o*
Eu me referi à diretora.	À = preposição *a* + artigo *a*

  (ii) Substituir o termo regente acompanhado da preposição *a* por outro acompanhado por uma preposição diferente (*para, em, de, por, sob, sobre*):

Eu me referi a + a diretora	**= Eu me referi à diretora**
Refiro-me à nova professora	À = a + a
Penso na nova professora	Na = em + a
Gostamos da nova professora	Da = de + a

Quadro 3.10 – Uso obrigatório do sinal de crase

Para a = à	"Vamos **para a** biblioteca" = "Vamos **à** biblioteca."
Horários	"**Às** duas da manhã." "O comício será às dez horas."
À moda de, à maneira de	"Arroz **à** grega." "Eles estão vestidos **à** esportiva."

(continua)

(Quadro 3.10 – conclusão)

Quando o termo regente exige a preposição *a* (e o termo regido está no feminino contendo o artigo *a*).	"Vou **à** Itália." (o verbo ir rege a preposição a, que introduz seu objeto indireto) "A professora entregou o boletim **à** mãe do aluno." (o verbo *entregar* rege a preposição *a*, que introduz seu objeto indireto).
Quando o termo regente exige a preposição *a*, e o nome do local está especificado/adjetivado	"Vou **à** moderna Curitiba.", porém "Vou a Curitiba.". "Refiro-me **à** Roma Antiga.", mas "Refiro-me **a** Roma.", pois "Falo **de** Roma", porém "Falo **da** Roma Antiga.". "Neste estudo, ele se restringe **à** São Paulo dos modernistas.", mas "Neste estudo, ele se restringe **a** São Paulo (cidade).", pois "Neste estudo, ele trata apenas **de** São Paulo (cidade)", porém "Neste estudo, ele trata apenas **da** São Paulo dos modernistas.". (quando o local é especificado/adjetivado, usa-se o artigo)
Diante de *senhora, senhorita, dona*.	"Peço **à senhorita** a fineza de sair." "Remeto **à senhora** a encomenda." "Os alunos se referiram **à dona** Gertrudes."
Da preposição *a* com os pronomes demonstrativos *a* e *as* (= aquela, aquelas)	"Sua caneta era igual **à** que comprei." (correlato masculino: Seu lápis era igual ao que comprei.)

- **Não se usa crase** quando o "a" não representa a junção de preposição *a* e do artigo feminino *a*. Os casos em que são comuns as confusões a respeito do emprego da crase estão listados e exemplificados no Quadro 3.11, a seguir.

Quadro 3.11 – Emprego indevido de sinal de crase

✗	Exemplos
Diante de pronomes pessoais	"Obedeceu a **mim**." "Disse a **ela**." "Mostrei a **vocês**." "Isso não diz respeito a **ninguém**." "Amou a **você**."
Diante de pronomes de tratamento	"Entreguei a **Vossa Excelência**." "Faço a **V. S.ª** este pedido."
Expressões formadas por palavras repetidas	"Ficou **cara a cara** com o inimigo." "Contava as moedas **uma a uma**."
Diante de verbos	"Começou a **chover**." "Não tenho nada a **declarar**." "Começamos a **sofrer**."
Diante de palavras masculinas	"Vende-se a **prazo**." "Caminhavam a **pé**."
Diante de artigo indefinido, pronomes indefinidos e pronomes demonstrativos como *esta* e *essa*	"Dirigiu-se a **uma** pessoa." "Dirigiu-se a **certa** pessoa." "Dirigiu-se a **qualquer** pessoa." (toda, cada, esta...)
Expressões adverbiais de instrumento	"Escreveu uma carta a **máquina**." "Feriu-se a **faca**." "O rapaz foi morto a **bala**."
Indicações de horas que não se referem a horários	"Passei por ali **a uma hora morta**." "Irei daqui **a duas horas**."
Verbos transitivos diretos	"**Conheço** a Bahia." "**Visitamos** a Itália."
Locuções adverbiais com palavras masculinas	a pé, a caminho, a cavalo, a frio, a gás, a gosto, a lápis, a meio pau, a nado, a óleo, a pé, a postos, a prazo, a sangue-frio, a sério, a tiracolo, a vapor

- O **uso facultativo da crase** ocorre em três casos (quando se pode usar o não o artigo feminino *a*), os quais estão especificados no Quadro 3.12.

Quadro 3.12 – Uso facultativo do sinal de crase

Diante de nomes próprios de pessoas do sexo feminino	"Ele fez referência à Sandra." "Ele fez referência a Sandra."
Diante de pronomes possessivos femininos	"Obedeço à minha irmã." "Obedeço a minha irmã."
Depois da preposição *até*	"Fomos até à feira." "Fomos até a feira."

- Há alguns **casos especiais** de uso da crase, quais sejam: expressões adverbiais, prepositivas e conjuntivas formadas com palavras femininas.

Quadro 3.13 – Casos especiais com ocorrência do sinal de crase

QUANDO?	ONDE?	COMO?
à noite	à beira de	à beça
à tarde	à moda de	à força
à meia-noite	à frente	à luz
às vezes	à esquerda	à risca
à primeira vista	à margem	à exceção de
	à beira-mar	às claras
	à direita	às pressas
	à sombra de	à chave
		à vista
		à solta
		às moscas

Quadro 3.14 – Casos especiais em que o uso do sinal de crase depende da situação

Casa	Não ocorre crase no sentido de lar, moradia	"Voltamos a casa."
	Se vier especificado passa a admitir	"Voltamos **à casa** dos amigos."
Terra	Não ocorre crase no sentido de chão firme	"Os marinheiros desceram **a terra**."
	Se vier especificada passa a admitir	"Os marinheiros desceram **à terra** dos anões."
Pronomes demonstrativos	Se o termo regente exigir a preposição *a* ocorre a crase	"Assisti àquele filme." "Aspiro àquela vaga." "Prefiro isto àquilo."
	Se o pronome demonstrativo estiver se referindo a alguma entidade superior e, portanto, for grafada com inicial maiúscula, não ocorre a crase	"Agradecemos todos os dias **a Aquele** que nos protege."

Acordo Ortográfico

Em 1990, iniciaram-se os processos de revisão ortográfica da língua portuguesa. Seus objetivos foram simplificar a escrita e aproximar a ortografia da forma falada. Tais mudanças recaem nas alterações às normas do hífen e às regras de acentuação. Embora o Acordo Ortográfico tenha passado a ser obrigatório em janeiro de 2016, as alterações por ele provocadas devem ser estudadas, visto que muitas obras, anteriores a essa data, ainda são fontes de consulta.

(i) **Acentuação**

Na realidade, foram poucas as mudanças com relação à acentuação das palavras. As regras gerais (oxítona, paroxítona e proparoxítona) não mudaram, por exemplo.

- **Mudança 1** – Os ditongos abertos *éi*, *ói* e *éu* recebem acento somente quando constam em palavras oxítonas. Esse é o caso de *herói* e *troféu*. Atenção: a regra se mantém para as palavras no plural, como em *faróis*, *sóis*, *pastéis*, *chapéus*.

Por extensão, quando esses ditongos não aparecem no final da palavra, não são acentuados, como listado no Quadro 3.15.

Quadro 3.15 – Ditongos não acentuados (conforme novo Acordo)

Antes	Agora
alcatéia	alcateia
andróide	androide
apóia	apoia
bóia	boia
clarabóia	claraboia
diarréia	diarreia
estréia	estreia
idéia	ideia
jóia	joia
mocréia	mocreia
odisséia	odisseia
panacéia	panaceia

- **Mudança 2** – Nas palavras paroxítonas, não se usa mais o acento no "i" ou "u" tônicos precedidos de ditongo. Melhor explicando: se houver três vogais juntas e a terceira for "i" ou "u", estes não recebem mais acento.

Quadro 3.16 – Sem acentuação: "i" ou "u" tônicos precedidos de ditongo em paroxítonas

Antes	Agora
baiúca	ba**iu**ca
Bocaiúva	Boc**aiu**va
feiúra	fe**iu**ra

- **Mudança 3** – Não se usa mais acento nos encontros "ee" e "oo".

Quadro 3.17 – Sem acentuação: "ee" e "oo"

Antes	Agora
lêem – vêem	l**ee**m – v**ee**m
perdôo – vôo	perd**oo** – v**oo**

- **Mudança 4** – Antes havia alguns acentos diferenciais, agora só há um: o verbo *pôr* (sinônimo de *colocar*) difere da preposição *por*. Por exemplo: "Vou **pôr** (colocar) a flor no vaso que foi feito **por** você."

Atenção: Não há mais acento em *para, pelo, polo*(s), *pera*(s) e *pela*.

- **Mudança 5** – Não se usa mais trema. Ele só se mantém em nomes próprios e seus derivados.

Quadro 3.18 – Deixa de existir o trema

Antes	Agora
cinqüenta	cinquenta
conseqüente	consequente
tranqüilo	tranquilo
OBS.: Só se usa em: Müller, mülleriano etc.	

(ii) **Hífen**

Mudança – Há certas especificidades que devem ser observadas a respeito do emprego do hífen. Listamos a seguir esses casos.

- **Caso 1** – Quando a letra final do prefixo e a inicial da palavra a ele ligada são iguais.

> inter-racial
> contra-ataque
> micro-ondas

- **Caso 2** – Quando a palavra que é ligada a um prefixo começa com "h".

> ante-histórico
> anti-higiênico
> proto-história

- **Caso 3** – Alguns prefixos sempre exigem hífen, conforme explicita o Quadro 3.19.

Quadro 3.19 – Prefixos que sempre exigem hífen

ab-, ob-, ad- (diante de b, d, r)	ad-digital, ad-renal, ob-rogar, ab-rogar
além-	além-mar, além-túmulo
bem-, sem-	bem-amado, bem-criado, sem-terra
circum- (diante de m, n, vogal)	circum-navegação, circum-murado
ex-	ex-aluno, ex-marido, ex-prefeito
grã-	grã-fino, grã-fina
mal- (diante de vogal ou l)	mal-entendido, mal-estar, mal-humorado
pan- (diante de m, n, vogal)	pan-americano, pan-africano, pan-hispânico
pós-	pós-graduação, pós-tônico
pré-	pré-vestibular, pré-história
pró-	pró-europeu, pró-reitor
recém-	recém-nascido, recém-operado
sub-, sob- (diante de r)	sub-região, sub-reitor, sub-regional, sob-roda
vice-	vice-presidente, vice-rei, ex-diretor, ex-hospedeiro

- **Caso 4** – Em palavras compostas com mais de duas palavras.

água-de-colônia
cor-de-rosa
pé-de-meia
arco-da-velha
mais-que-perfeito

- **Caso 5** – Em palavras compostas derivadas de nomes de lugares, com ou sem elementos de ligação.

> Belo Horizonte: **belo-horizontino**
> Porto Alegre: **porto-alegrense**
> Mato Grosso do Sul: **mato-grossense-do-sul**

- **Caso 6** – Quando há o emprego do apóstrofo.

> gota-d'água
> pé-d'água

- **Caso 7** – Palavras compostas que designam espécies zoológicas/botânicas. Estão listados alguns exemplo no Quadro 3.20.

Quadro 3.20 – Hífen em palavras compostas: que designam espécies zoológicas/botânicas

Espécies zoológicas	Espécies botânicas
bem-te-vi	erva-doce
peixe-espada	ervilha-de-cheiro
peixe-do-paraíso	pimenta-do-reino

Atenção: observe que, quando não se trata de espécie botânica ou zoológica, não se usa hífen. Veja os exemplos no Quadro 3.21.

Quadro 3.21 – Exceções do caso 7

bico-de-papagaio	espécie de planta ornamental
bico de papagaio	deformação nas vértebras
olho-de-boi	peixe
olho de boi	selo postal

- **Caso 8** – Em palavras que contêm repetições de um termo ou elementos quase iguais, sem elementos de ligação.

blá-blá-blá	tique-taque
zum-zum	cri-cri
tico-tico	glu-glu

- **Caso 9** – Em palavras com sufixos de origem tupi-guarani.

capim-açu	anajá-mirim
amoré-guaçu	andá-açu

- **Caso 10** – Palavras compostas de uso consagrado. Aqui não se observam regras, é preciso prestar atenção e memorizar.

arco-íris	mesa-redonda
bate-boca	pão-duro
boa-fé	porta-bandeira
guarda-chuva	porta-malas
joão-ninguém	vaga-lume

- **Caso 11** – Translineação de palavras: em um texto escrito, é comum o uso de separação de sílabas no final de uma linha, a fim de manter uma estética textual, visto que costuma-se usar a margem da direita o mais reta possível. Dessa forma, as regras de separação de sílaba devem ser respeitadas, usando-se um hífen na indicação e quebra da palavra. Há algumas regras nesses casos:

- Não se deve deixar uma vogal sozinha no início ou no fim da linha.
- Se a palavra a ser dividida já tiver um hífen e esse coincidir com o final da linha, deve-se colocar um outro hífen no início da linha seguinte, de modo a indicar que o primeiro hífen mostra a quebra e que o segundo pertence à palavra que foi dividida. Observe o Quadro 3.22.

Quadro 3.22 – Translineação de palavras

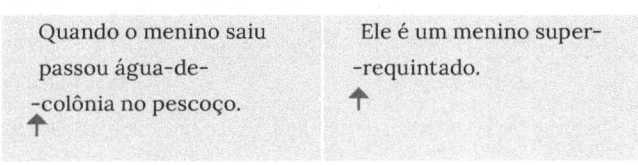

| Quando o menino saiu passou água-de-
-colônia no pescoço.
↑ | Ele é um menino super-
-requintado.
↑ |

- **Caso 12** – Na junção do verbo com os pronomes (ênclise e mesóclise), usa-se hífen sempre. Veja.

deixá-lo	lança-o
dá-se	amá-lo-ei
abraça-o	falar-lhe-ei

Há, por outro lado, certos contextos lexicais em que está vetado o uso do hífen. Listamos, então, os casos em que **não** se utiliza o hífen.

- **Caso 1** – Quando as letras final do prefixo e inicial da palavra a ele ligada são diferentes. Lembre-se de que há exceções, especialmente referentes às letras "h", "r" e "s".

Quadro 3.23 – Palavras prefixadas sem hífen: letras final do prefixo e inicial da palavra diferentes

ante-	projeto	anteprojeto
co-	produção	coprodução
infra-	estrutura	infraestrutura

- **Exceção 1: prefixo co-** – Para esse prefixo, não se usa hífen mesmo que a palavra a ele ligada comece com "o" ou com "h" (nesse caso, esta letra é suprimida).

coordenar	coabitação
cooperação	coerdeiro
cooptar	cofundador
coobrigação	corréu
coedição	corresponsável
coeducar	cosseno

- **Exececão 2: prefixos *pre-* e *re-*** – Para esse prefixo, não se usa hífen mesmo que a palavra a ele ligada comece com "e".

preexistente	reescrever
reelaborar	reedição
preexistir	reeleição

- **Caso 2** – Quando as letras final do prefixo e inicial da palavra a ele ligada são diferentes e tal palavra começa com "r" ou "s", dobram-se essas letras.

Quadro 3.24 – Palavras prefixadas sem hífen iniciadas com "r" e "s"

anti-	racismo	antirracismo
ultra-	som	ultrassom
semi-	reta	semirreta

Regras ortográficas

As regras ortográficas são determinações na grafia das palavras com vistas a se manter uma padronização; é a normatização da escrita. Essas regras não são aprendidas lendo-se e decorando-se tabelas ou listas, mas sim observando seu emprego em materiais de leitura confiáveis e usando-as com atenção. Ademais, sempre que houver algum tipo de dúvida, é importantíssimo consultar uma boa fonte. Recomenda-se a Academia Brasileira de Letras, visto que é órgão maior da língua portuguesa no Brasil.

Para fins de conhecimento do tema, apresentamos os usos que ensejam mais dificuldades.

Quadro 3.25 – Letra "h" em palavras compostas

É suprimida	quando não há o hífen (-)	habilitar – reabilitar haver – reaver harmonia – desarmonia
Permanece	quando há o hífen	higiênico – anti-higiênico humano – sobre-humano história – pré-história
Caso especial	o nome do estado brasileiro se grafa com "h", seus derivados não	Bahia – baiano, baianismo

Quadro 3.26 – Letra J

Palavras de origem árabe, indígena e africana	alforje (árabe)
	biju, jabuticaba, jaguar, jandaia, jenipapo, jiboia, Moji, pajé (indígena)
	acarajé (africana)
	Exceção: Sergipe
Verbos terminados em –jar	arranjar – arranjamos, arranjarei, arranjassem
	Outros verbos conjugados: engajem, esbanjem, rajem, sujem, trajem, ultrajem, viajem
Derivadas de palavras com j	cereja – cerejeira
	loja – lojista
Terminação –aje	laje, traje

Quadro 3.27 – Letra G

Derivadas de outras escritas com "g"	ferrugem – ferrugento, ferruginoso
	selvagem – selvageria
	vertigem – vertiginoso
Geralmente em terminações -agem, -igem, -ugem	aragem, vertigem, ferrugem
	Exceções: pajem, lambujem
Nas terminações -ágio, -égio, -igio, -ógio, -úgio	pedágio, régio, prestígio, relógio, refúgio

Quadro 3.28 – Letra X

Normalmente depois de ditongo (encontros vocálicos = vogal + semivogal em uma mesma sílaba).	baixo, ameixa, peixe, feixe, trouxa, frouxo, eixo, encaixar, paixão, rebaixar etc. Exceções: caucho (espécie de árvore que produz o látex), recauchutar, recauchutagem
Palavras iniciadas com en- e me-	enxugar, enxotar, enxurrada, enxada, enxame, enxaqueca, enxerido, enxovalho, mexer, mexerico, mexerica, mexicano etc. Exceções: encher, encharcar, enchumaçar e seus derivados por serem formadas por prefixação, ou seja, pelo prefixo em- **Atenção**: não confundir *mecha* (punhado de cabelo) com *mexa* (do verbo mexer)
Palavras de origem indígena ou africana e nas inglesas aportuguesadas	xavante, xingar, xique-xique, xará, xerife, xampu
Outras palavras com "x"	bexiga, bruxa, caxumba, laxante, maxixe, paxá, rixa, xarope, xícara, xereta, capixaba, faxina, lixo, graxa, praxe, puxar, relaxar, roxo, xaxim, xenofobia

Quadro 3.29 – Dígrafo CH

charque	chiste	chicória	chimarrão	pechincha
piche	chuchu	cochichar	estrebuchar	fachada
fantoche	flecha	inchar	debochar	brecha
pechinchar	penacho	salsicha	fechar	mochila
arrocho	apetrecho	bochecha	pichar	linchar

Quadro 3.30 – Letra S

Geralmente em substantivos concretos	burguês, freguês Exceções: xadrez, tez
Nos adjetivos derivados de substantivos	cortês – de corte montês – de monte
Nos sufixos -ês, -esa que indicam procedência, origem, profissão, títulos honoríficos de posição social	chinês, chinesa, burguês, burguesa, camponês, camponesa, marquês, marquesa, japonês, japonesa, francês, francesa, princesa
Nos sufixos -oso, -osa que indicam qualidade em abundância, intensidade	amoroso, duvidosa
No sufixo -ense, que indica origem, naturalidade	rio-grandense, cearense, paranaense
Após ditongo	causa, maisena, lousa, coisa, causa, ausência, náusea
Nos verbos derivados de palavras que contêm a letra "s"	analisar – de análise frisar – de friso avisar – de aviso improvisar – de improviso pesquisar – de pesquisa Atenção: *catequizar* se escreve com "z" porque não deriva de *catequese*; em verdade, esse substantivo que deriva do verbo.
Nas formas verbais de *pôr* e *querer* e seus derivados	pus, pôs, repusesse, pusesse, repus, repusera, repuséssemos, quis, quiser

(continua)

(Quadro 3.30 – conclusão)

Em substantivos derivados de verbos terminados em -*ender*, -*verter* e -*pelir*	apreender – apreensão ascender – ascensão distender – distensão estender – extensão pretender – pretensão expelir – expulsão suspender – suspensão tender – tensão verter – versão reverter – reversão subverter – subversão repelir – repulsão
No sufixo -*isa*, as palavras que indicam ocupação feminina	poetisa, profetisa, papisa, sacerdotisa, pitonisa

Quadro 3.31 – Letra Z

Sufixos -*ez* e -*eza* em substantivos abstratos	lúcido – lucidez	pobre – pobreza	singelo – singeleza
	agudo – agudez	escasso – escassez	estúpido – estupidez
	límpido – limpidez	gago – gaguez	honra – honradez
	inválido – invalidez	macio – maciez	rígido – rigidez
	sensato – sensatez	sisudo – sisudez	surdo – surdez
	avaro – avareza	belo – beleza	certo – certeza
	duro – dureza	esperto – esperteza	justo – justeza
	nobre – nobreza	rico – riqueza	intrépido – intrepidez
Sufixo -*izar* aplicados a palavras que não tenham a letra "s" na sílaba final e palavras derivadas de outras que já tenham "z" na sílaba final	ameno (amenizar), balizado (baliza), arrazoado, razoável (razão), canalizar, finalizar, industrializar, organizar, utilizar, arborizar, dinamizar, regularizar, cicatrizar (cicatriz), envernizar (verniz), enraizar (raiz), deslizar (deslize) etc.		

(continua)

(Quadro 3.31 - conclusão)

Terminações -zinho e -zinha em palavras que não tenham a letra "s" na sílaba final	homem – homenzinho
Palavras derivadas com os sufixos -zada, -zal, -zarrão, -zeiro, -zinho, -zito, -zona, -zorra, -zudo	pazada, cafezal, canzarrão, açaizeiro, papelzinho, cãozito, mãezona, mãozorra, pezudo etc.

Quadro 3.32 – Letras C e Ç

Palavras de origem árabe, tupi e africana	açaí, açúcar, caçula, caiçara, Juçara, Moçoró, Paraguaçu
Após ditongo	eleição, louça, coice, arcabouço, calabouço, beiço, caução, feição, refeição
Sufixos -aça, -aço, -ação, -ecer, -içar, -iço, -nça, -uça, -uço	barcaça, entardecer, criança, mormaço, justiça, dentuça, embarcação, maciço
Substantivos derivados dos verbos ter e torcer e seus derivados	abster – abstenção contorcer – contorção ater – atenção distorcer – distorção deter – detenção torcer – torção manter – manutenção reter – retenção

Quadro 3.33 – Letra C e Dígrafo QU

Palavras escritas com "c" e com "qu"	catorze/quatorze cociente/quociente cota/quota cotidiano/quotidiano cotizar/quotizar
Palavras que apresentam uma só grafia	cinquenta, cinquentenário, cinquentão, cinquentona

Quadro 3.34 – Dígrafo SS

Pretérito imperfeito do subjuntivo	amássemos sentíssemos
Substantivos derivados de verbos terminados em -der, -dir, -mir e -tir sem antecedentes por n ou r	aceder – acesso admitir – admissão agredir – agressão ceder – cessão conceder – concessão demitir – demissão exceder – excesso, excessivo imprimir – impressão omitir – omissão percutir – percussão permitir – permissão progredir – progressão regredir – regressão repercutir – repercussão suceder – sucessão transgredir – transgressão transmitir – transmissão

(continua)

(Quadro 3.34 – conclusão)

Prefixo terminado em vogal + palavra iniciada em "s"	re + surgir – ressurgir a + segurar – assegurar bi + semana – bissemanal de + semelhante – dessemelhante pré + supor – pressupor

Quadro 3.35 – Letra E

Verbos terminados em -oar ou -uar	perdoe, continue, atue, atenue, averigue, habitue, pontue, recue, tumultue, abençoe, coe, destoe, doe, magoe, perdoe, ressoe, soe
Prefixo ante- (antes)	antebraço, antecipar, anteboca, antebraço, antecâmara, anteconjugal, antepasto
Prefixo des (ação contrária)	despentear, dessarrumar

Quadro 3.36 – Letra I

Verbos terminados em -air, -oer, -uir	atrai, dói, possui, constitui, constrói, dilui, evolui, instrui, polui
No prefixo anti (contra)	antiaéreo, antitetânico, antiacadêmico, antialcoólico, anticoncepcional, anti-herói
No plural das terminações -al, -ol, -ul	ramais, lençóis, pauis
No prefixo dis (perturbação)	disfunção, disenteria

Algumas palavras apresentam problemas quanto à grafia do "e" e do "i". Confira as formas corretas na lista a seguir.

aborígine	bexiga
aperitivo	cabriúva
arrepio	cadeado

cafeeiro	lampião
candeeiro	lêndea
casimira	marceneiro
corpóreo	marceneiro
corrimão	meritíssimo
crânio	meritíssimo
criação	mexerica
criatura	mexerico
desfrutar	pedinte
destilar	penico
digladiar	pontiagudo
disenteria	prevenir
displicência	privilégio
eletricista	requisito
empecilho	réstia
feminino	seriema
invólucro	seringa
irrequieto	silvícola

Algumas palavras apresentam problemas quanto à grafia do "o" por geralmente ser pronunciado com som de "u", especialmente em algumas variantes da língua. Confira as formas corretas a seguir arroladas.

abolir	coruja
botequim	costume
botijão	estorricar

explodir	óbolo
goela	poleiro
molambo	polenta
moringa	polir
nódoa	tossir

Algumas palavras apresentam problemas quanto à grafia do "u" por geralmente ser pronunciado com som de "o", especialmente em algumas variantes da língua. Listamos as formas corretas abaixo.

bueiro	escapulir
bujão	jabuticaba
buliçoso	léu
burburinho	lóbulo
cumbuca	míngua
curinga	rebuliço
cutia	tabuada
entupir	tabuleiro

Algumas palavras apresentam problemas quanto à grafia do ditongo "ou" por ser pronunciada muitas vezes como "ô". As formas corretas estão expressas na sequência.

besouro	crioulo
cenoura	frouxo
ceroula	lantejoula

lavoura	tesoura
pelourinho	tesouro
roubar	vassoura

Os **nomes próprios**, sendo portugueses ou aportuguesados, obedecem às mesmas regras ortográficas. Ressalve-se, porém, que o nome no registro civil deve ser resguardado.

Cleusa (s depois do ditongo)	Luís – Luísa
Juçara (nome de origem tupi)	Clarissa

Algumas palavras despertam dúvidas quanto à grafia ou à pronúncia. Confira o quadro a seguir.

Quadro 3.37 – Dúvidas de grafia ou de pronúncia

Certo	Errado	Certo	Errado
adivinhar	"advinhar"	incrustar	"incrustrar"
bandeja	"bandeija"	lagarto	"largato"
beneficente	"beneficiente"	mendigo	"mendingo"
cabeçalho	"cabeçário"	meritíssimo	"meretíssimo"
caranguejo	"carangueijo"	prazeroso	"prazeiroso"
companhia	"compania"	privilégio	"previlégio"
disenteria	"desinteria"	próprio	"própio"
empecilho	"impecilho"	reivindicar	"reinvindicar"
estupro	"estrupo"	salsicha	"salchicha"
frustração	"frustação"		

Algumas palavras têm **dupla grafia**, ou seja, aceitam mais de uma forma de escrita correta. Apresentamos esses casos no quadro a seguir.

Quadro 3.38 – Dupla grafia

abdome	ou	abdômen	dourado	ou	doirado
abóbada	ou	abóboda	enfarte	ou	enfarto
aborígene	ou	aborígine	garagem	ou	garage
agouro	ou	agoiro	hidrelétrica	ou	hidroelétrica
assobiar	ou	assoviar	horário de pique	ou	horário de pico
aterrissar	ou	aterrizar	infarto	ou	infarte
babador	ou	babadouro	louro	ou	loiro
bêbado	ou	bêbedo	octacampeão	ou	octocampeão
bebedouro	ou	bebedor	ouro	ou	oiro
berinjela	ou	beringela	percentagem	ou	porcentagem
botijão	ou	bujão	quatorze	ou	catorze
brócolis	ou	brócolos	reescrever	ou	rescrever
caatinga	ou	catinga	seriíssimo	ou	seríssimo
câimbra	ou	cãibra	subumano	ou	sub-humano
chimpanzé	ou	chipanzé	sumidouro	ou	sumidoiro
cota	ou	quota	taberna	ou	taverna
cotidiano	ou	quotidiano	tataraneto	ou	tetraneto
cousa	ou	coisa	televisionar	ou	televisar
descarrilar	ou	descarrilhar	termelétrica	ou	termoelétrica
diabetes	ou	diabete	terraplenagem	ou	terraplanagem
dignitário	ou	dignatário	trecentésimo	ou	tricentésimo
doceria	ou	doçaria	voleibol	ou	volibol
			xucro	ou	chucro

— 3.3.2 —
Morfologia

A morfologia estuda a estrutura, a formação e a classificação das palavras ou do morfema, que equivale à menor unidade portadora de significado em uma língua. No Quadro 3.39, apresentamos os tipos de morfema existentes.

Quadro 3.39 – Tipos de morfema

Raiz ou radical	Constituinte que designa a ideia básica da palavra e, a partir do qual, novos vocábulos são formados. É uma forma livre, ou seja, uma estrutura morfossintática independente.
Afixo	Constituinte que designa a ideia básica da palavra e, a partir do qual, novos vocábulos são formados. Difere do radical por ser uma forma presa ligada a formas livres.
Prefixo	Morfema que se posiciona à frente do radical. Consiste em uma forma presa ligada à raiz e posicionada antes desta.
Sufixo	Morfema que se coloca após o radical. Consiste em uma forma presa ligada à raiz e posicionada depois desta.

Observe a seguir um exemplo de palavra formada por prefixação e um exemplo de vocábulo formado por sufixação:

(i) infeliz = prefixo "in" + radical "feliz";

(ii) felizmente = radical "feliz" + sufixo "mente"

Classes gramaticais ou de palavras

Não se sabe ao certo quantas palavras há na língua portuguesa; isso porque, todos os dias, novos vocábulos são criados e outros entram em desuso. De qualquer modo, estima-se que há mais de 600 mil vocábulos e variantes.

O interessante é que, na gramática normativa, todos os vocábulos são distribuídos em categorias. Trata-se das denominadas *classes de palavras*, ou *classes gramaticais*. Estas são resultantes de contribuições de vários estudiosos que se dedicaram ao assunto em épocas diferentes. Todavia, até hoje, há discordância entre os gramáticos quanto às classes de palavras. Atualmente, as palavras são enquadradas em dez classes.

A análise gramatical no Ocidente tem sua origem nos anos 500 a.C. na filosofia grega. Platão (citado por Silva, 2020) dividiu o discurso em duas partes: (i) *ónoma* (nome); e (ii) *rhéma* (verbo).

Aristóteles (citado por Silva, 2020) adicionou os *syndesmoi* (conjunções). Ele criou as categorias de pensamento para explicar o mundo real. A categoria "substância" tornou-se *substantivo*, e a categoria "atributo" passou a ser *adjetivo*.

Por volta do século I a. C., Dionísio de Trácia (170 a.C.- 90 a.C) elaborou a teoria das partes do discurso, e a ele é atribuída a gramática *Technè Grammatike*, que distribuía em oito categorias: nome, verbo, particípio, artigo, preposição, pronome, advérbio e conjunção (Silva, 2020).

Os gregos, ao fundarem as classes de palavras, utilizavam os critérios da semântica, da sintaxe e da morfologia. Essa combinação de critérios conserva-se nas gramáticas atuais.

As palavras são agrupadas de acordo com suas características sintáticas e morfológicas.

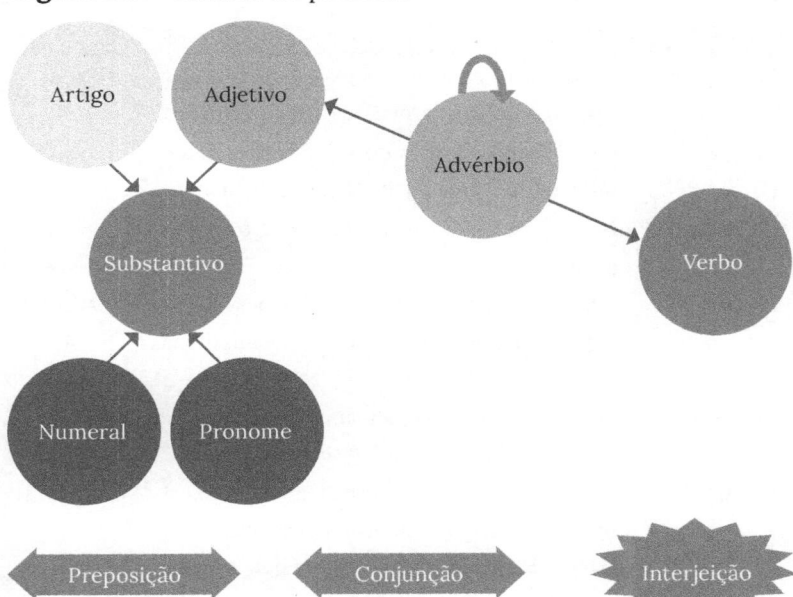

Figura 3.3 – Classes de palavras

As classes de palavras são subdivididas em dois grupos:

1. **Variáveis** – São as classes que se flexionam, ou seja, mudam de forma, e isso acontece quando há indicação de: gênero (masculino, feminino), número (singular, plural), grau (aumentativo, diminutivo), voz (ativa, passiva), pessoa (1ª, 2ª, 3ª), modo (indicativo, subjuntivo, imperativo e tempo (presente, passado, futuro).
2. **Invariáveis** – São as classes nas quais as palavras não sofrem modificações, ou seja, são estáticas.

Quadro 3.40 – Características das classes de palavras

Classe	Característica	Variação
Substantivos	Designam e nomeiam os seres em geral, as coisas, os estados, os processos ou as qualidades.	Variáveis
Artigos	Posicionam-se antes do substantivo, determinando-o e indicando seu gênero e número.	Variáveis
Adjetivos	Indicam as qualidades, a origem e o estado do ser.	Variáveis
Numerais	Indicam uma quantidade exata de pessoas ou coisas, ou a posição que elas ocupam numa série ordenada.	Variáveis
Pronomes	Substituem ou acompanham o nome; podem também substituir seu referente.	Variáveis
Verbos	Indicam ação, fato, estado ou fenômeno. Exprimem um acontecimento representado no tempo. Equivale a toda palavra que se pode conjugar.	Variáveis
Advérbios	Indicam circunstâncias diversas.	Invariáveis
Preposições	Ligam duas palavras subordinando a segunda à primeira.	Invariáveis
Conjunções	Ligam duas palavras ou duas orações.	Invariáveis
Interjeições	Funcionam como frases de significado emotivo ou sentimental.	Invariáveis

Cada classe esclarece a função da palavra com relação às outras, organizando seus "lugares na frase". Saber apontar essas classes e entender as posições que elas podem ocupar nas sentenças oracionais é essencial para o competente domínio da norma culta do idioma.

> **Locução** é a ajuntamento de dois termos que se resumem em apenas um significado.
>
> Locução verbal – dois verbos com um só sentido
>
> Locução adverbial – dois advérbios com um só sentido
>
> Locução prepositiva – dois termos com valor de preposição

(iii) **Substantivo**

Substantivos são palavras que atribuem nome a seres, ações, objetos, características, estados, processos, sentimentos ou qualidades.

Os adjetivos, artigos, pronomes, numerais e adjetivos são termos que determinam o substantivo.

Figura 3.4 – Relação de algumas classes com o substantivo

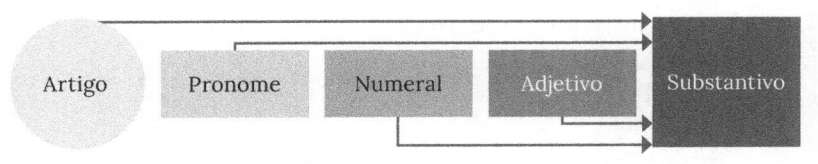

Artigo → Pronome → Numeral → Adjetivo → Substantivo

É importante prestar atenção ao gênero de alguns substantivos, conforme exposto no Quadro 3.41.

Quadro 3.41 – Gêneros dos substantivos

Biforme	Muda-se a desinência (morfema) de gênero	menino	menina
Heterônimos	Há duas formas distintas	homem	mulher

(continua)

(Quadro 3.41 – conclusão)

Comum de dois gêneros	Muda-se apenas o artigo	o estudante o agente	a estudante a agente
Sobrecomum	Uma só forma para feminino e masculino	a pessoa, o apóstolo, a vítima, a criatura	
Epiceno	Usa-se *macho* e *fêmea*	barata macho	barata fêmea
ATENÇÃO			
São sempre masculinos	o apêndice, o avestruz, o champanha, o coma, o diabetes, o dó, o guaraná		
São sempre femininos	a agravante, a alface, a cal, a dinamite, a ferrugem, a libido, a mascote, a omoplata, a sentinela, a xérox		

Quando o substantivo é composto, isto é, formado por duas ou mais palavras, é preciso saber a que classe gramatical cada um de seus elementos pertence para se reconhecer como se forma o plural correspondente.

Quadro 3.42 – Classes gramaticais dos elementos que constituem substantivos compostos

Classes variáveis (substantivo, artigo, adjetivo, numeral, pronome, verbo)	Os dois elementos vão para o plural	segunda-feira (numeral + substantivo)	segundas-feiras
		sofá-cama (substantivo + substantivo)	sofás-camas
		amor-perfeito (substantivo + adjetivo)	amores-perfeitos
O segundo determina o primeiro	Só o primeiro vai para o plural	banana-prata nem todas são pratas	bananas-prata
Formado por três palavras	Somente o primeiro vai para o plural	pé de moleque mula sem cabeça	pés de moleque mulas sem cabeça

(continua

(Quadro 3.42 – conclusão)

Palavras repetidas	Somente o segundo vai para o plural	reco-reco tique-taque	reco-recos tique-taques
Palavras invariáveis (advérbio, preposição, conjunção, interjeição)	Não vão para o plural	o entra e sai o bota-fora	os entra e sai os bota-fora

(iv) **Artigo**

Artigos são palavras que determinam o gênero e o número de um substantivo, sendo antepostos a estes. Os artigos classificam-se em **definidos** – o, a, os, as – e **indefinidos** – um, uma, uns, umas.

Analise as duas frases a seguir:

- Vou buscar **um** livro na biblioteca – pode ser qualquer livro
- Vou buscar **o** livro na biblioteca – é um livro específico

---

Os artigos definidos podem se combinar com as preposições a, de, em, por.

Quadro 3.43 – Artigo definido + preposição

	o	a	os	as
a	ao	à	aos	às
de	do	da	dos	das
em	no	na	nos	nas
por (per)	pelo	pela	pelos	pelas

Os artigos indefinidos, por sua vez, podem se combinar com as preposições *em* e *de*.

Quadro 3.44 – Artigo indefinido + preposição

	um	uma	uns	umas
em	num	numa	nuns	numas
de	dum	duma	duns	dumas

(v) **Adjetivo**

Adjetivos são palavras que dão qualidade aos nomes, aos substantivos. Eles podem indicar:

- qualidades boas ou ruins: menina **esperta**, amor **medonho**.
- modo de ser: mulher **inteligente**, cama **confortável**.
- aspecto ou aparência: roupa **bonita**, carro **caro**.
- estado: homem **saudável**, comida **estragada**.

Quando o adjetivo é composto, somente o último elemento vai para o plural:

comissões **norte-americanas**
encontros **lítero-musicais**
comida **acridoces**

Atenção: surdo-mudo, surdos-mudos.

Exceção: adjetivos referentes a cores são invariáveis quando o segundo elemento é um substantivo:

uniformes **verde-oliva**
blusas **azul-petróleo**
empresa **franco-brasileira**

Em adjetivos compostos, somente o segundo elemento fica no feminino:

> relação **luso-brasileira**
> recreação **lúdico-instrutiva**
> empresa **franco-brasileira**
>
> **Atenção**: surdo-mudo, surda-muda.

Quadro 3.45 – Graus dos adjetivos

Comparativo de superioridade	"Meu irmão é **mais** carinhoso **que** o seu."
Comparativo de igualdade	"Meu irmão é **tão** carinhoso **quanto** o seu."
Comparativo de inferioridade	"Meu irmão é **menos** carinhoso **que** o seu."
Superlativo absoluto sintético	"Meu irmão é **boníssimo**."
Superlativo absoluto analítico	"Meu irmão é **muito** bom."
Superlativo relativo de superioridade	"Meu irmão é **o mais** estudioso da faculdade."
Superlativo relativo de inferioridade	"Meu irmão é **o menos** estudioso da faculdade."

(vi) **Numeral**

Numeral: é a palavra que quantifica o nome, o substantivo. Os numerais classificam-se em: cardinais, ordinais, multiplicativos e fracionários, conforme explicitado no Quadro 3.46.

Quadro 3.46 – Classificação dos numerais

Cardinal	Indica quantidade	"**Um** mais **dois** é **três**."
		"**Duas** meninas andavam pela rua."
		"Ele tinha no bolso **uma** moeda e **duas** notas."
Ordinal	Indica ordem, sequência	"Sou a **primeira** da fila."
		"Ela é a **terceira** filha do casal."
Multiplicativo	Indica aumento proporcional, multiplicação	"Eu tenho o **dobro** de sua idade."
		"Ele recebeu o **triplo** de aumento "que merecia."
		"Eles tiveram **quíntuplos**."
Fracionário	Indica diminuição proporcional da quantidade	"**Metade** de mim pensa em você."
		"Quero **um quinto** da *pizza*."
		"**Um quarto** do salário vai para os impostos."

(vii) **Pronome**

Pronomes são palavras que acompanham ou substituem o substantivo, indicando sua posição em relação às pessoas do discurso ou mesmo situando-o no espaço e no tempo. As pessoas do discurso são três:

1. **1ª pessoa** – A pessoa que fala.
2. **2ª pessoa** – A pessoa com quem se fala.
3. **3ª pessoa** – A pessoa de quem se fala.

> **Pronome pessoal** é a palavra que acompanha ou substitui o substantivo, indicando sua posição em relação às pessoas do discurso ou mesmo situando-o no espaço e no tempo.

Quadro 3.47 – Tipos de pronomes

Número	Pessoa	Pronomes pessoais		Pronomes possessivos	Pronomes demonstrativos
		Retos	Oblíquos		
Singular	1ª	eu	me, mim, comigo	meu, minha, meus, minhas	este, esta, isto
	2ª	tu	te, ti, contigo,	teu, tua, teus, tuas	esse, essa, isso
	3ª	ele, ela	se, si, consigo, o, a, lhe	seu, sua, seus, suas	aquele, aquela, aquilo
Plural	1ª	nós	nos, conosco	nosso, nossa, nossos, nossas	estes, estas
	2ª	vós	vos, convosco	vosso, vossa, vossos, vossas	esses, essas,
	3ª	eles, elas	se, si, consigo, os, as, lhes	seu, sua, seus, suas	aqueles, aquelas

Chamamos atenção para o uso de *vossa* e *sua*, que remetem respectivamente à 2ª e à 3ª pessoa. **Vossa** é empregado para com quem se fala, a quem se dirige; e **sua** é utilizado para a pessoa de quem se fala.

Assim, ao se falar com um juiz, por exemplo, é preciso tratá-lo por *Vossa Meritíssima*; já quando dele se estiver falando, o pronome a ser usado é *Sua Meritíssima*.

Quadro 3.48 – Pronomes utilizados sempre na 3ª pessoa

Pronomes indefinidos	algum, alguma, alguns, algumas
	nenhum, nenhuma, nenhuns, nenhumas
	todo, toda, todos, todas
	muito, muita, muitos, muitas
	pouco, pouca, poucos, poucas
	certo, certa, certos, certas
	quanto, quanta, quantos, quantas
Pronomes interrogativos	quem, que
	qual, quais
	quanto, quantos, quanta, quantas
Pronomes relativos	o qual, a qual, os quais, as quais
	cujo, cuja, cujos, cujas
	quanto, quanta, quantos, quantas
	que, quem
	onde
Pronomes de tratamento	Vossa Excelência, Vossa Santidade, Vossa Majestade, Vossa Senhoria

Quadro 3.49 – Pronomes de tratamento mais utilizados na linguagem jurídica

Pronome	Abreviatura		Emprego
	Singular	Plural	
Você	V.	Não há	Tratamento familiar, íntimo
Vossa Excelência	Não se usa		Presidente do Congresso Nacional
	V.Ex.ª	V.Ex.ªs	Presidentes e vice-presidentes, altas autoridades do governo e oficiais das Forças Armadas.
Vossa Meritíssima	Não se usa		Juízes de Direito
Vossa Senhoria	V.S.ª	V.S.ªs	Altas autoridades
Senhor, senhora	Sr. Sr.ª	Sr.s Sr.ªs	Tratamento respeitoso em geral

Devemos observar que, no endereçamento, no encaminhamento, no vocativo e em comunicações dirigidas a altas autoridades dos Poderes da República, não se usam abreviaturas.

Ainda, reiteramos que os pronomes de tratamento pertencem à 3ª pessoa, e, dessa forma, o verbo deve estar conjugado também em 3ª pessoa.

(viii) **Verbo**

Verbos são palavras que expressam ação, estado e fenômeno da natureza situados no tempo. O verbo pode variar conforme a **flexão verbal** como indicado no Quadro 3.50.

Quadro 3.50 – Flexão verbal

Número	singular e plural
Pessoa	1ª (eu, nós), 2ª (tu, vós) e 3ª (ele, ela, eles, elas)
Tempo	presente, passado e futuro
Modo	indicativo (fato certo), subjuntivo (fato duvidoso) e imperativo (ordem)
Voz	ativa (sujeito agente), passiva (sujeito paciente) e reflexiva (sujeito agente e paciente ao mesmo tempo).

O **tempo verbal**, por sua vez, indica quando ocorre o fato expresso pelo verbo. Situa-se nos tempos: presente, passado e futuro.

Quadro 3.51 – Flexões dos verbos: modos, tempos e formas nominais

Modo indicativo: fato certo		
Presente	Acontece agora	"Ela canta."
Pretérito	Acontece no passado	
Pretérito imperfeito	Acontecia, mas não acontece mais	"Ela cantava."
Pretérito perfeito	Já aconteceu	"Ela cantou."
Pretérito mais que perfeito	Fato passado em relação a outro também no passado	"Ela cantara."
Futuro	Vai acontecer	
Futuro do presente	Ação que ocorrerá no futuro	"Ela cantará."
Futuro do pretérito	Um fato futuro em relação a outro no passado, uma ironia ou um pedido de cortesia	"Ela cantaria."

(continua)

(Quadro 3.51 – conclusão)

Modo subjuntivo: fato duvidoso, incerto		
Presente	Um fato presente, um desejo ou uma vontade, mas incerto	"Que eu cante."
Pretérito imperfeito	Uma hipótese ou uma condição numa ação passada	"Se eu cantasse."
Futuro	Uma possibilidade a ser concluída em relação a um fato no futuro	"Quando eu cantar."
Modo imperativo: ordem		
Afirmativo	Fato que está acontecendo relativamente ao momento em que se fala	"Cante tu."
Negativo	Fato que não está acontecendo	"Não cantes tu."
Formas nominais		
Infinitivo	Terminado com "ar" (1ª conjugação), "er" ou "or" (2ª conjugação) e "ir" (1ª conjugação)	cantar vender partir
Infinitivo pessoal	Quando tem sujeito, indica a ação propriamente dita, sem situá-la no tempo, desempenhando função semelhante a substantivo	cantar eu cantar ele cantarmos nós cantardes vós cantarem eles
Gerúndio	Uma ação que está acontecendo; caracterizado pelas terminações -ando, -endo/-ondo e -indo	cantando vendendo partindo
Particípio	Uma ação já acabada; caracterizado pelas terminações -ado e -ido	cantado vendido partido

O uso do gerúndio é perfeitamente aceito na norma culta: "estou ouvindo", "estamos estudando". Ele é um verbo que relata algo que está acontecendo, isto é, que está em curso ou que se realiza de forma simultânea com outra no futuro. Todavia, quando utilizado no futuro simples, pode apresentar desvio da norma, conhecido como *gerundismo*. Frases como "vou estar passando" é um exemplo dessa irregularidade; o correto é escrever simplesmente "vou passar" ou "passarei".

O gerúndio pode ser utilizado no tempo futuro quando há outra ação que se efetivará simultaneamente, por exemplo: "No final do curso, quando você estiver se formando, eu vou estar comemorando sua vitória".

A **voz verbal** é a flexão do verbo que indica se o sujeito pratica ou sofre a ação expressa pela oração. São três as vozes do verbo, conforme especifica o Quadro 3.53.

Quadro 3.52 – Vozes do verbo

Voz ativa	O sujeito pratica a ação expressa pela oração.	"João comprou o carro."
Voz passiva	O sujeito recebe a ação expressa pela oração.	"O carro foi comprado por João."
Voz reflexiva	O sujeito pratica e recebe a ação expressa pela oração.	"João cortou-se."

(ix) **Advérbio**

Advérbios são palavras invariáveis que modificam um verbo, um adjetivo, outro advérbio ou uma frase. Eles adicionam informações que indicam certas circunstâncias, as quais estão especificadas no Quadro 3.53.

Quadro 3.53 – Classificação dos advérbios e locuções adverbiais

Tempo	hoje, ontem, anteontem, amanhã, atualmente, brevemente, sempre, nunca, jamais, cedo, tarde, antes, depois, agora, ora
Lugar	aqui, aí, ali, cá, lá, acolá, além, longe, perto, dentro, em cima, ao lado, por fora
Modo	bem, mal, assim, depressa, devagar, lentamente, facilmente, (e a maioria dos adjetivos terminados em -*mente*)
Afirmação	sim, decerto, certamente, efetivamente, seguramente, realmente, sem dúvida, por certo, com certeza
Negação	não, absolutamente, tampouco, de modo algum, de jeito nenhum
Dúvida	talvez, quiçá, acaso, porventura, provavelmente
Intensidade	muito, pouco, mais, menos, ainda, bastante, assaz, demais, tanto, deveras, quanto, quase, apenas, mal, tão, de pouco, de todo

Atenção!

O juiz **aceita** a alegação da parte, **acolhe** o pedido e **defere** o requerimento.

Entretanto é errôneo dizer

"O juiz acatou o pedido" ou "O juiz acatou a alegação da parte", visto que é a parte que **acata** a decisão do juiz. *Acatar* significa "aceitar com respeito".

Locução verbais utilizadas em textos legais:

- proferir sentença
- interpor recurso
- interpor alegação
- oferecer contestação
- opor embargos

(x) **Preposição**

Preposições são palavras invariáveis que ligam dois termos estabelecendo relações de sentido e de dependência entre eles.

Quadro 3.54 – Classificação das preposições

Essenciais	Acidentais
a, ante, após, até, com, contra, de, desde, em, entre, para, perante, por, sem, sob, sobre, trás	conforme, consoante, segundo, durante, mediante, como, salvo, fora, que

(xi) **Conjunção**

Conjunções são palavras que ligam duas orações ou dois termos semelhantes de uma mesma oração.

Quadro 3.55 – Classificação das conjunções

Conjunções coordenativas: ligam duas orações independentes		
Aditivas	Relação de soma	e, nem, não só... mas também
Adversativas	Relação de oposição	mas, porém, contudo, entretanto, não obstante, todavia
Alternativas	Relação de alternância	ou, ora...ora, ou...ou, quer...quer, já...já, seja...seja
Conclusivas	Ideia de conclusão ou consequência	logo, pois (posposto ao verbo), portanto, assim, por isso, por conseguinte, então
Explicativas	Ideia de explicação	pois (anteposto ao verbo), porque, porquanto, que

(continua)

(Quadro 3.55 - conclusão)

Conjunções subordinativas: ligam duas orações dependentes		
Temporais	Exprimem ideia de tempo	quando, enquanto, depois que, logo que, sempre que, senão, quando
Condicionais	Exprimem condição	se, salvo se, caso, contanto que, uma vez que, dado que, a menos que
Causais	Veiculam ideia de causa	porque, porquanto, visto que, visto como
Finais	Comunicam ideia de finalidade	para que, a fim de que, porque (= para que), que
Comparativas	Estabelecem comparação	que, do que (depois de mais, menos, maior, menor, melhor, pior), qual (depois de tal)
Concessivas	Exprimem concessão	embora, ainda que, posto que, por muito que
Conformativas	Exprimem ideia de conformidade	como, conforme, consoante, segundo
Consecutivas	Indicam consequência ou resultado do que foi declarado	tão, tal, tanto, tamanho...que
Proporcionais	Apontam aumento, diminuição, ou simultaneidade	quanto mais...tanto mais, quanto menos...tanto menos, quanto mais, à medida que, à proporção que
Integrantes	Introduzem a segunda oração que completa o sentido da primeira	que, se, como

(xii) **Interjeição**

Interjeições são palavras invariáveis ou construções sintáticas que formam frases independentes. Elas são capazes de exprimir uma emoção, uma sensação, uma ordem, um apelo. Também podem descrever um ruído.

Como exemplos de interjeições, podemos citar: Viva! Alerta! Atenção! Calma! Cuidado! Devagar! Fogo! Olha! Arreda! Fora! Passa! Sai! Rua! Xô! Ah! Eh! Oh! Oba! Viva! Aleluia!

Formação de palavras

Na língua, há mecanismos de criação de palavras a partir de itens lexicais existentes. São dois os principais processos de formação de vocábulos: (i) a derivação e (ii) a composição.

No processo de **derivação**, as palavras podem ser divididas em dois grupos: (i) primitivas e (ii) derivadas.

Quadro 3.56 – Classificação das palavras no processo de derivação

Palavras primitivas	Não são formadas a partir de outras palavras	pedra, casa, paz, ferro, luz
Palavras derivadas	São formadas a partir de outras palavras	pedrada, casamento, pacífico, ferreiro, luzeiro

A derivação pode ocorrer conforme esquematizado na Figura 3.5.

Figura 3.5 – Tipos de derivação

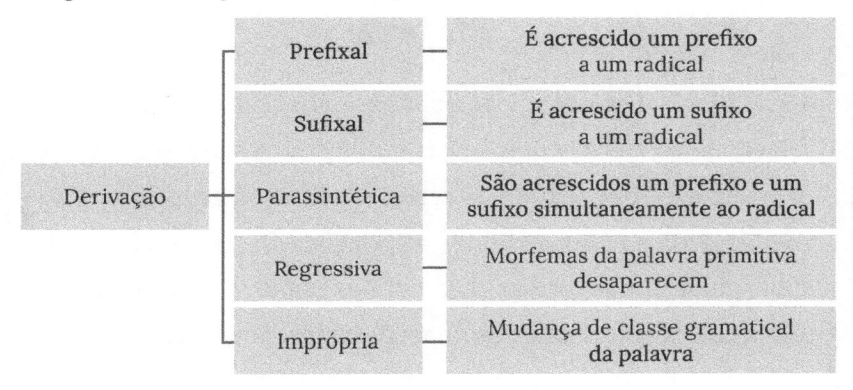

Derivação		
	Prefixal	É acrescido um prefixo a um radical
	Sufixal	É acrescido um sufixo a um radical
	Parassintética	São acrescidos um prefixo e um sufixo simultaneamente ao radical
	Regressiva	Morfemas da palavra primitiva desaparecem
	Imprópria	Mudança de classe gramatical da palavra

Quanto à **composição**, as palavras que apresentam apenas um radical são denominadas *simples*, e, quando apresentam mais de um radical, são chamadas de *compostas*.

Quadro 3.57 – Composição

Palavras simples	Apresentam apenas um radical	cidade, casa, pedra, pé, moleque, chuva, guarda
Palavras compostas	Apresentam mais de um radical	pé-de-moleque, pernilongo, guarda-chuva

A composição se subdivide em apenas duas formas, como mostra a Figura 3.6.

Figura 3.6 – Tipos de composição

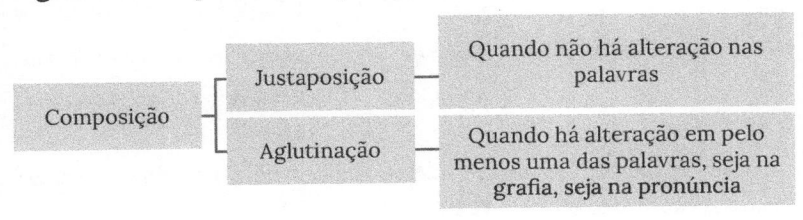

Composição		
	Justaposição	Quando não há alteração nas palavras
	Aglutinação	Quando há alteração em pelo menos uma das palavras, seja na grafia, seja na pronúncia

— 3.3.3 —
Sintaxe

A morfologia dá sustentação à sintaxe, pois as desinências estão relacionadas a esses dois níveis da língua. A sintaxe é a parte da gramática que estuda as relações entre os grupos de palavras dentro da frase, incluindo as relações de concordância, de subordinação e de ordem. Um bom exemplo são as regras sintáticas de concordância, as quais detalharemos adiante.

Quadro 3.58 – Objetos de estudo da sintaxe

Frase	Unidade verbal com sentido completo. Deve estabelecer comunicação. ■ Nominal – não tem verbo. ■ Verbal – tem verbo.	Declarativa	Enuncia uma declaração.
		Exclamativa	Contém exclamação.
		Imperativa	Expressa ordens, proibições e conselhos.
		Interrogativa	Transmite perguntas.
		Optativa	Expressa um desejo.
		Imprecativa	Expressa uma súplica através de maldição.
Oração	É uma frase que apresenta verbo ou locução verbal.	Absoluta	Possui apenas um verbo.
		Coordenativa	É independente de outra à qual está relacionada.
		Principal	Tem outra oração subordinada a ela.
		Subordinativa	Depende da principal para ser entendida.
Período	Conjunto de oração.	Simples	Constituído de uma só oração.
		Composto	Constituído de duas ou mais orações.
	Iniciam-se com letra maiúscula e terminam com um ponto (final, interrogação, exclamação e, às vezes, reticências).		

Quadro 3.59 – Termos da oração

Essenciais – compõem a estrutura básica da oração	
Sujeito	É o ser de que se diz algo.
Predicado	Aquilo que se diz do sujeito.
Integrantes	
Objeto	Complementa o verbo transitivo.
	Objeto direto não exige preposição. / Objeto indireto tem preposição necessária.
Complemento nominal	Completa o substantivo, adjetivo ou advérbio.
Predicativo do sujeito	Completa o sujeito no predicado nominal.
Predicativo do objeto	Completa o objeto no predicado nominal.
Agente da passiva	Pratica a ação na voz passiva.
Acessórios	
Adjunto adnominal	Acompanha o substantivo (artigos, pronomes adjetivos, numerais ou adjetivos).
Adjunto adverbial	Acompanha o advérbio.
Aposto	Individualiza ou esclarece um termo.
Vocativo	Chamamento.

Análise sintática

Ao se analisar um período ou um texto, aconselhamos observar os passos dispostos nos quadros a seguir.

Quadro 3.60 – Passos da análise sintática

Exemplo: "Honório olhou para o chão."		
Primeiro – identificar o período por meio da letra maiúscula e o ponto final.		
Segundo – identificar o(s) verbo(s)	olhou	verbo
Terceiro – Perguntar para o verbo quem ou o que fez sua ação.	Quem olhou?	Honório
A resposta é o sujeito e todo o resto da frase é predicado	Honório	olhou para o chão
	sujeito	predicado

Quadro 3.61 – Classificação do sujeito

Expresso	Simples	Apenas um núcleo.
	Composto	Mais de um núcleo.
Não expresso	Oculto ou elíptico	Não aparece, mas é identificável (eu, tu, ele/ela, nós ou vós).
	Indeterminado	Verbos na terceira pessoa do plural (eles).
		Verbos na terceira pessoa do singular + se.
	Sem sujeito ou inexistente	Verbos impessoais (existir, ocorrer, estar).
		Verbos *fazer*, *ser* e *estar* indicando tempo transcorrido ou tempo que indique fenômeno da natureza.
		Verbo *haver* no sentido de existir ou indicação de tempo transcorrido.
		Verbos que exprimem fenômenos da natureza.

Quadro 3.62 – Classificação do predicado

Predicado nominal	Verbos de ligação + predicativo	Verbos *ser, estar, parecer, permanecer, continuar, andar, ficar, viver, virar* etc.	"Nós estamos aqui." "Ela parece perdida." "Eles ficam em casa."

(continua)

(Quadro 3.62 – conclusão)

Verbos intransitivos	Não exige complemento	"O cachorro fugiu." "O namorado chegou."
Verbos transitivos	Exige complemento	
Verbos transitivos diretos	Não exige preposição depois do verbo	"Eu amo vocês."
Verbos transitivos indiretos	Exige preposição depois do verbo	"Eu gosto de vocês."
Verbos transitivos direto e indireto	Exige ou aceita dois objetos, um sem e outro com preposição	"Ele comprou o carro de um bêbado." "Entregou os documentos para a secretária."

(Predicado verbal)

Estrutura mórfica dos nomes

A seguir, analisamos a estrutura mórfica dos nomes. Relacionado ao tema da concordância, o qual exploraremos adiante, é válido citarmos a que os **vocábulos variáveis** são aqueles passíveis de flexão e se dividem em dois grupos principais: os *nomes* (substantivo, adjetivos, pronomes, artigos e numerais) e os *verbos*. Lembramos que os nomes são representados, na grande maioria das vezes, pelos substantivos. Sua estrutura mórfica pode ser formada somente pelo radical primário, ou radical mais prefixo e/ou sufixo e suas desinências de gênero e número, além das vogais temáticas e vogais de ligação.

Há, porém, **nomes invariáveis**, ou seja, aquelas que não se flexionam e não têm, assim, desinência de gênero e de número.

Quadro 3.63 – Nomes invariáveis

Não aceitam desinência nominal de gênero	mesa, cadeira, cama, papel, janela, hotel, tribo, telefonema, cruz, igreja
Não aceitam desinência nominal de número	pires, lápis, ônibus, vírus

Colocação pronominal

No Quadro 3.64, apresentamos a correta colocação dos pronomes nas frases, conforme a classificação a seguir.

Quadro 3.64 – Classificação da colocação pronominal

Próclise	Mesóclise	Ênclise
Antes do verbo	No meio do verbo	Depois do verbo
Não **se** realizou.	Realizar-**se**-á.	Realizou-**se**.
pronomes oblíquos átonos + verbo	verbo + pronomes oblíquos átonos + verbo	verbo + pronomes oblíquos átonos

Os pronomes *me*, *nos*, *te*, *vos*, *o*, *a*, *os*, *as*, *lhe*, *lhes* e *se* nunca devem começar uma frase na modalidade escrita da língua. Na oralidade, porém, são muito comuns frases como "Me dê um beijo" ou "Te vejo depois". Na língua falada, essas colocações são aceitas, mas na escrita não.

Detalhamos, a seguir, as regras de colocação pronominal.

- **Próclise**: Usa-se a próclise – pronome **antes** do verbo – quando há palavras atrativas, conforme indicado no Quadro 3.65.

Quadro 3.65 – Palavras atrativas para próclise

Palavra de sentido negativo	não, nunca, ninguém, jamais	"Não **se** esqueça de mim."
		"Ela nem **se** incomodou com meus problemas."
		"Eu jamais **te** esquecerei."
Advérbios	hoje, ontem, aqui, aí, ali, bem, mal, sim, decerto, certamente, muito, pouco	"Agora **se** negam a depor."
		"Aqui **se** tem sossego, para trabalhar."
		"Decerto **te** procurarei."
Conjunções subordinativas	quando, salvo se, enquanto, depois que, se, caso, porque, embora, tão, tal	"Soube que **me** negariam."
		"Escrevia os nomes, conforme **me** lembrava deles."
		"Embora **me** ouvisse, não me olhou."
Pronomes relativos	o qual, a qual, os quais, as quais	"Identificaram duas pessoas que **se** encontravam desaparecidas."
	cujo, cuja, cujos, cujas	"A pessoa que **me** telefonou não se identificou."
Pronomes indefinidos	algum, muito, nenhum, todo, certo, pouco, quanto	"Poucos **te** deram a oportunidade."
		"Alguém **me** telefonou."
		"Ninguém **lhe** procurou."
Pronomes demonstrativos	este, esse, aquele	"Disso **me** acusaram, mas sem provas."
		"Isso **me** comoveu deveras."
		"Isto **me** interessa."

(continua)

(Quadro 3.65 – conclusão)

Frases interrogativas (?)	"Quem **te** fez a encomenda?"
	"Que **me** acontecerá agora?"
Frases exclamativas (!)	"Quanto **se** ofendem por nada!"
	"Isso **me** deixou feliz!"
Frases optativas	"Que Deus **o** ajude."
	"Deus **o** ilumine."
Gerúndio regido de preposição *em*	"Em **se** tratando de mulheres, prefiro as inteligentes."
Infinitivo flexionado regido de preposição	"E, por **se** amarem muito, uniram seus destinos."

Nota: A próclise é facultativa quando o infinitivo não flexionado estiver precedido de preposição ou palavra negativa:

Ex.: "Estou aqui para servir-te." ou "Não estou aqui para te servir."

"Meu desejo era não o incomodar." ou "Meu desejo era não incomodá-lo."

- **Mesóclise**: Antes de verificar se a colocação pronominal é um caso de próclise, é bom examinar se não é um caso de mesóclise – quando o verbo está no futuro e pronome é posto no **meio** do verbo.

Quadro 3.66 – Mesóclise

Quando o verbo estiver no futuro do presente	"Realizar-**se**-á um evento importante na semana próxima."
	"Contar-**te**-ei uma grande história."
Quando o verbo estiver no futuro do pretérito	"Não fosse os meus compromissos, acompanhar-**te**-ia nessa viagem."

(continua)

(Quadro 3.66 – conclusão)

DICA		
1º) Dividir o verbo no futuro depois o "R"	Amarei	Amar ei
	Contaria	Contar ia
2º) Colocar o pronome nessa posição entre hifens		Amar-**te**-ei
		Contar-**nos**-ia
Atenção! Quando usados os pronomes *a, as, o, os,* deve-se retirar o "r" do verbo e acrescentar "l" antes do pronome: Amarei = amá-la-ei		

- **Ênclise**: Em geral, os pronomes oblíquos átonos podem ser postos **depois** do verbo, excetuando-se os casos obrigatórios de mesóclise, conforme indicados há pouco. Eis alguns exemplos de ênclise: "Quando ele avisar, silenciem-**se** todos."; "Levanta-**te**"; "Não era nossa intenção machucar-**te**."
- **Colocação pronominal nas locuções verbais**: Quando há duas ou mais palavras com valor de verbo, a expressão é chamada de *locução verbal*. No quadro a seguir, explicamos como deve ser a colocação pronominal nesses casos.

Quadro 3.67 – Colocação pronominal: locuções verbais

Quando o verbo principal for constituído por um particípio (terminado em "ado"),	o pronome oblíquo virá depois do verbo auxiliar	"Haviam-me convidado para a festa."
Quando o verbo principal for constituído por um infinitivo (terminado em "r") ou um gerúndio (terminado em "ando"),	se não houver palavra atrativa, o pronome oblíquo virá depois do verbo auxiliar ou depois do verbo principal.	"Devo esclarecer-lhe o fato" "Devo-lhe esclarecer o fato." "Estavam chamando-me." "Estavam-me chamando."
Se houver palavra atrativa, o pronome poderá ser colocado antes do verbo auxiliar ou depois do verbo principal.	"Não posso esclarecer-lhe o fato." "Não lhe posso esclarecer o fato." "Não estavam chamando-me." 'Não me estavam chamando."	

(continua)

(Quadro 3.67 – conclusão)

IMPORTANTE:	
Dependendo da terminação verbal os pronomes *o, a, os, as*, podem sofrer alterações em sua forma.	
Verbos terminados em:	
vogal ou ditongo oral, os pronomes *o, a, os, as* não se alteram.	"Chame-o agora." "Deixei-a mais tranquila." "Ouvindo-o, aprendi muito."
"r", "s" e "z" como consoantes finais alteram tais pronomes para *lo, la, los, las*.	"Encontrá-lo é o meu maior sonho." "Fi-lo porque não tinha alternativa."
ditongos nasais (*am, em, ão, õe, õe*), tais pronomes *o, a, os, as* alteram-se para *no, na, nos, nas*.	"Chamem-no agora." "Põe-na sobre a mesa."
As formas combinadas dos pronomes oblíquos *mo, to, lho, no-lo, vo-lo* – formas em desuso – podem ocorrer em próclise, ênclise ou mesóclise.	"Ele mo deu." (Ele me deu o livro)

- **Casos facultativos**: Existem casos em que se pode utilizar tanto a próclise quanto a ênclise, conforme sintetiza o quadro a seguir.

Quadro 3.68 – Colocação pronominal: casos facultativos

Pronomes pessoais do caso reto	"Ele lhe entregou a carta."
	"Ele entregou-lhe a carta."
	"Eu me garanto"
	"Eu garanto-me."
Com infinitivo não flexionado precedido de palavra negativa ou preposição	"Vim para te ajudar."
	"Vim para ajudar-te."

Concordância

A norma de **concordância nominal** diz que:

> Os vocábulos subordinados a um substantivo devem concordar com ele em gênero e número.
>
> As duas **meninas** bonitas.

Mesmo sendo redundante, isto é, não havendo necessidade para a compreensão, na norma padrão da língua portuguesa, são repetidos o gênero e o número do substantivo *meninas* nos termos a correlatos. Observe que o artigo *os*, o numeral *duas* e o adjetivo *bonitas* também devem apresentar-se, de acordo com a norma, no feminino plural, assim como o substantivo a que se referem.

Descrevemos a seguir como se dá a relação entre substantivo e seus adjuntos (artigos, pronomes adjetivos, numerais ou adjetivos).

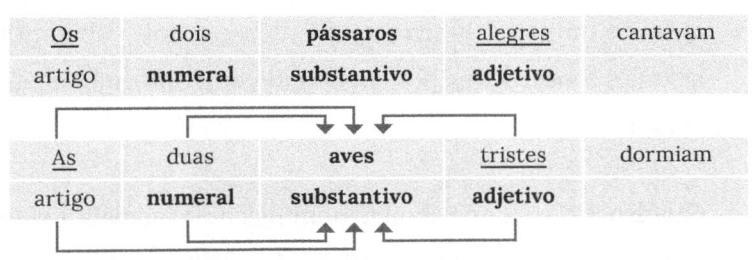

Os	dois	**pássaros**	alegres	cantavam
artigo	numeral	substantivo	adjetivo	
As	duas	**aves**	tristes	dormiam
artigo	numeral	substantivo	adjetivo	

Quando há mais elementos de composição do substantivo e seus adjuntos, é preciso observar certas especificidades. Em casos em que o adjetivo é posposto, deve-se aplicar o que lista o Quadro 3.69.

Quadro 3.69 – Concordância nominal: mais de um substantivo posposto

O adjetivo concorda no masculino plural	"Um **cravo** e uma **rosa** cheirosos.'
O adjetivo concorda com o mais próximo	'Um cravo e uma **rosa** cheirosa."
Em nome de pessoas, o adjetivo deve estar sempre no plural	"As belas **Maria** e **Joana** chegaram na hora marcada."

Já quando o adjetivo é posto antes dos substantivos a ele relacionados, deve-se considerar o que está explicitado no Quadro 3.70.

Quadro 3.70 – Concordância nominal: mais de um substantivo anteposto

O adjetivo geralmente concorda com o mais próximo	"Comprou péssimas **frutas** e doces."
	"Bem tratados os **meninos** e as meninas."

Quando há dois adjetivos referindo-se a dois substantivos, as duas construções podem acontecer, conforme mostra o Quadro 3.71.

Quadro 3.71 – Concordância nominal: dois ou mais adjetivos referindo-se ao mesmo substantivo posposto

O substantivo pode ficar no plural	"Sei falar **os idiomas** alemão e inglês."
O substantivo pode ficar no singular	"Sei falar **o idioma** alemão e **o** inglês."

Aqui acontece algo interessante: quando há dois substantivos e um adjetivo depois, concorda-se com o mais próximo, como explicita o Quadro 3.72.

Quadro 3.72 – Concordância nominal: substantivo + substantivo + ... + adjetivo

O substantivo vai para o plural no masculino se pelo menos um deles for masculino	"Bondade e **amor** humano."
	"Amor e **bondade** humana."
	"**Bondade** e **amor** humanos."
O substantivo vai para o plural no feminino se todos eles estiverem no feminino	"**Escova** e pente novos."
	"**Escova** e **roupa** novas."

Quando há um adjetivo e dois substantivos, a concordância também é com o mais próximo. Confira o Quadro 3.73.

Quadro 3.73 – Concordância nominal: adjetivo + substantivo + substantivo + ...

Concorda com o mais próximo	"Mal **lugar** e hora."
	"Má **hora** e lugar."

O mesmo fenômeno acontece com numerais e substantivo, conforme indica o Quadro 3.74.

Quadro 3.74 – Concordância nominal: ordinal + ordinal + ... + substantivo

Concorda com o mais próximo ou vai para o plural	A primeira e a segunda **lição**.
	A primeira e segunda **lições**.

Contudo, quando a ordem é oposta, ou seja, quando o substantivo vem antes, a concordância é no plural. Confira o quadro 3.75.

Quadro 3.75 – Concordância nominal: substantivo + ordinal + ordinal + ...

Vai para o plural	As **pautas** terceira, quarta e quinta.
	As **vagas** primeira, segunda e terceira.

Verbos no particípio são a forma nominal que expressam ações plenamente concluídas (como *escrito*, *falado*, *pensado*, *acontecido*, *ido*). Quando há um particípio e um substantivo, a concordância é com o nome a que se refere.

Quadro 3.76 – Concordância nominal: particípio + substantivo

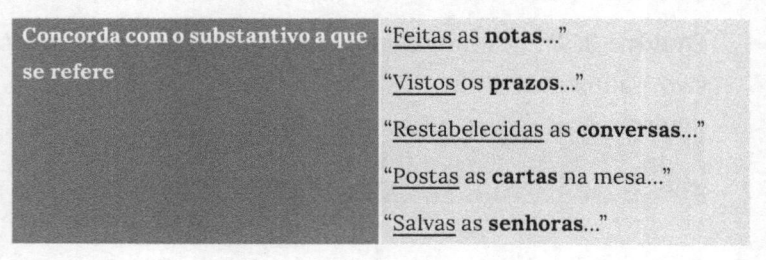

Concorda com o substantivo a que se refere	"Feitas as **notas**..."
	"Vistos os **prazos**..."
	"Restabelecidas as **conversas**..."
	"Postas as **cartas** na mesa..."
	"Salvas as **senhoras**..."

Quando há numerais ordinais (que indicam ordem), há duas possibilidades, como mostra o Quadro 3.77.

Quadro 3.77 – Concordância nominal: numerais ordinais

Com numerais ordinais que se referem a um único substantivo composto	
O substantivo pode ficar no singular	"Visitei as moças do primeiro e do segundo **andar**."
O substantivo pode ficar no plural	"Visitei as moças do primeiro e segundo **andares**."

Quando uma preposição antecede um adjetivo, há certas especificidades, as quais estão descritas no Quadro 3.78.

Quadro 3.78 – Concordância nominal: preposição antes de adjetivo

Após a preposição *de*	
Os adjetivos que se referem aos pronomes *nada, muito, algo, tanto* ficam no masculino plural	"A **professora** tudo tem de bonito."
O adjetivo pode concordar, por atração, com o sujeito	"A **professora** tem algo de bonita."

Para encerrar o tema da concordância nominal, apresentamos no Quadro 3.79 os casos específicos ainda não comentados nesta seção.

Quadro 3.79 – Concordância nominal: casos específicos

Sujeito	
Quando há sujeito composto com gêneros diferentes, concorda com o masculino plural preferencialmente	"A **professora** e os **alunos** estão bonitos."

(continua)

(Quadro 3.79 – continuação)

Quando há pronome de tratamento, deve-se verificar o gênero da pessoa referida	"Vossa Excelência é bondoso." (homem) "Vossa Excelência é bondosa." (mulher)
É bom, é preciso, é necessário, é proibido	
Sem artigo, o adjetivo permanece no masculino singular	"Caipirinha é <u>bom</u> no verão." "É <u>necessário</u> paciência." "É <u>proibido</u> entrada de menores."
Com artigo, o adjetivo concorda com o substantivo	"A **caipirinha** é <u>boa</u> no verão." "É <u>necessária</u> a **paciência**." "É <u>proibida</u> a **entrada** de menores."
Anexo, incluso, obrigado, mesmo, próprio + substantivo	
Concordam com o substantivo (ou nome) a que se referem	"A **ficha** segue <u>anexa</u>." "O **livro** vai <u>incluso</u>." "A **foto** segue <u>anexa</u>." "**Ela** <u>mesma</u> falou comigo." "**Ela** sempre diz <u>obrigada</u>."
Em anexo, mantém-se invariável	"As fichas seguem em anexo."
Mesmo significando "até", mantém-se invariável	"Mesmo elas chegaram atrasadas."
Meio	
Meio (adjetivo) significando "metade", concorda com o substantivo a que se refere	"Tomou <u>meia</u> **taça** de vinho." "<u>Meias</u> **medidas**." "<u>Meio</u> **litro**."
Meio (advérbio) significando "um pouco", permanece invariável	"Ela estava meio chateada." "Ela parecia meio encabulada." "Janela meio aberta."

(Quadro 3.79 – continuação)

Atenção: "Meio-dia e meia" = *meia* concorda com a palavra *hora*, oculta na expressão "meio-dia e meia (hora)". Essa é a construção recomendada pela maioria dos manuais de cultura idiomática.

Menos	
É sempre invariável	"Menos pessoas saem cedo da aula."
Muito, pouco, longe, caro, barato	
Quando se referem a substantivos, mantêm concordância	"Comprou **carros** caros."
	"Poucas **pessoas** tinham carro."
Quando não se referem a substantivos, mas ao verbo, permanecem invariáveis	"Os carros custaram caro."
	"Os meninos leem pouco."
Só	
Só significando "sozinho", o adjetivo é variável	"**Elas** estavam sós."
Só significando "somente", o advérbio é invariável	"Vieram só as meninas."
	"Só as meninas vieram."
A olhos vistos	
Como locução adverbial, é invariável	"Ele aprendia a olhos vistos."
Conforme	
Conforme significando "confirmado" = é variável	"Estudaram conformes com a decisão."
Conforme significando "como" = é invariável	"Estudam conforme a música."
Um e outro, nem um nem outro + substantivo	
Permanece no singular	"Um e outro argumento."
	"Nem um nem outro aspecto."
Um e outro + substantivo + adjetivo	
O substantivo vai para o singular e o adjetivo para o plural	"Um e outro detalhe obscuros."
	"Uma e outra alternativa juntas."

(Quadro 3.79 – conclusão)

O(a) mais ... possível / Os(as) mais ... possíveis O(a) pior ... possível / Os(as) piores ... possíveis O(a) melhor ... possível / Os(as) melhores ... possíveis"	
Com artigo no singular, o adjetivo vai para o singular	"Os dois autores defendem a melhor doutrina possível."
Com artigo no plural, o adjetivo vai para o plural	"Estas frutas são as mais saborosas possíveis."
	"Eles foram os mais insolentes possíveis."
	"Comprei poucas revistas, mas são as melhores possíveis"

Concordância verbal

A concordância verbal rege que o sujeito deve concordar em número e pessoa com o verbo.

Nós vamos ao mercado todos os dias.

O sujeito *nós* está na primeira pessoa do plural, assim como a forma verbal *vamos*.

Detalhamos como se dá essa relação de concordância em diferentes casos nos quadros a seguir.

Quadro 3.80 – Concordância verbal: regras

Sujeito composto escrito antes do verbo	
O verbo fica no plural	"A **mãe** e a **filha** estão juntas sempre."
Sujeito composto escrito depois do verbo	
O verbo fica no plural	"Acordaram cedo a **mãe** e a **filha**."
O verbo concorda com o sujeito mais próximo	"Acordou cedo a **mãe** e a filha."

(continua)

(Quadro 3.80 – conclusão)

Com núcleos sinônimos, o verbo fica no singular ou no plural	"O **amor** e a **paixão** cegou o amante." "O **amor** e a **paixão** abalaram-me."
Com núcleos em gradação, o verbo fica no plural, concordando com todos, ou no singular, concordando com o mais próximo	"Um **minuto**, uma **hora**, um **dia** passam rápido." "Um minuto, uma hora, um **dia** passa rápido."
Quando há dois infinitivos como núcleos, o verbo fica no singular	"**Trabalhar** e **estudar** é necessário."
Quando há dois infinitivos exprimindo ideias opostas, o verbo fica no plural	"**Brincar** e **brigar** se alternam."
Quando o verbo *ser* está acompanhado de substantivo plural (ou se trata de sujeito composto), o verbo fica no plural	"Foram vencedores **João e Pedro**. "Estão chegando os alquimistas."

Quadro 3.81 – Concordância verbal: percentual

Quando o sujeito é número percentual, deve-se observar a posição do número percentual em relação ao verbo	
O verbo concorda com termo posposto ao número	"Constatou-se que 60% da **população** tinha mais de 18 anos." "Vinte por cento dos **sócios** saíram da empresa."
O verbo concorda com o número quando estiver anteposto a ele	"Ganharam-se **40%** da lavoura"
O verbo fica no plural se o número vier determinado por artigo ou pronome no plural	"**Os 17%** da produção perderam-se."

Quando o sujeito da oração equivale a um substantivo coletivo, que são palavras que escritas no singular, mas que indicam um conjunto ou um agrupamento de coisas e de seres de uma mesma espécie, segue-se o que mostra o Quadro 3.82.

Quadro 3.82 – Concordância verbal: sujeito coletivo

Sujeito coletivo	
O verbo concorda no singular com o sujeito coletivo escrito no singular	"A **alcateia** fugiu ao começar a chover."

Conforme explicamos em seções anteriores, pronomes de tratamento são nomes que constituem formas corteses de se dirigir ou de se referir a determinadas pessoas, caracterizando-se como expressões de reverência, títulos honoríficos etc. O Quadro 3.83 especifica como se dá a concordância nesse contexto.

Quadro 3.83 – Concordância verbal: pronome de tratamento

Sujeito representado por pronome de tratamento	
O verbo fica na 3ª pessoa	"Vossa Santidade saiu cedo."

Já pronome relativo é uma classe de pronomes que substituem um termo da oração anterior e estabelecem relação entre duas orações. No Quadro 3.84, esclarecemos como deve se proceder quanto à concordância verbal diante de tais pronomes.

Quadro 3.84 – Concordância verbal: pronome relativo

Quem (pronome relativo sujeito)	
O verbo fica na 3ª pessoa do singular concordando com o pronome quem ou fica na pessoa equivalente a seu antecedente	"Fui eu **quem** ganhou."
	"Fui **eu** quem ganhei."
	"Fomos nós **quem** falou."
	"Fomos **nós** quem falamos."
Que (pronome relativo sujeito)	
O verbo concorda sempre com o antecedente	"Fomos **nós** que ganhamos."

Listamos, a seguir, no Quadro 3.85, mais alguns casos específicos de concordância verbal e suas possibilidades.

Quadro 3.85 – Concordância verbal: casos específicos

Quando o sujeito é composto por pessoas gramaticais diferentes, o verbo fica no plural	
1ª pessoa prevalece sobre as outras	Eu, tu e ele fizemos o trabalho.
2ª pessoa prevalece sobre a 3ª	**Tu** e ele fizestes o trabalho.
Mais de + numeral	
Verbo concorda com o numeral	"Mais de **um** estudante prometeu estudar."
	"Mais de **dois** estudantes prometeram estudar."
Com	
Com significando "e", o verbo fica no plural	"A **diretora** com os **professores** do curso elaboraram as disciplinas."
Com significando "em companhia de", o verbo concorda com o antecedente	"A **diretora**, com todos os professores, resolveu elaborar as disciplinas."
Nem significando "há dois ou mais envolvidos"	
O verbo no plural (concordância usual)	"Nem Gil nem Chico são bem-vindos."

(continua)

(Quadro 3.85 – continuação)

Não só ... mas também, tanto ... quanto, não só ... como	
O verbo no plural ou concordando com o núcleo mais próximo	"Tanto Mara como Paula <u>participaram</u> da festa."
	"Tanto Mara como Paula <u>participou</u> da festa."
Como, assim como, bem como	
O verbo fica no plural	"A humildade assim como a simpatia <u>fizeram</u> dela uma professora competente."
Perto de, cerca de, mais de, menos de + sujeito no plural	
O verbo fica no plural	"Perto de dez alunos <u>chegaram</u>."
	"Cerca de vinte alunos <u>saíram</u>."
	"Mais de mil pessoas <u>compareceram</u>."
	"Menos de duas alunas <u>responderam</u>."
A maior parte, grande parte, a maioria de (= sujeito coletivo partitivo) + adjunto adnominal no plural	
O verbo concorda com o núcleo do sujeito ou com o especificador	"A **maior** parte dos espectadores <u>saiu</u>."
	"A maior parte dos espectadores <u>saíram</u>."
	"**Grande** parte dos participantes <u>ganhou</u>."
	"Grande parte dos participantes <u>ganharam</u>."
Sujeitos ligados por ou	
Se houver retificação, o verbo concorda com o sujeito mais próximo	"A menina, ou as **meninas** <u>ficaram</u> com o presente."
	"As meninas, ou a **menina** <u>ficou</u> com o presente."
Se houver a participação de todos, o verbo fica no plural	"O carro ou a moto <u>chegarão</u> amanhã cedo."
Se houver ideia de exclusão de um dos sujeitos, o verbo fica no singular	"O carro ou a moto <u>chegará</u> amanhã cedo."

(Quadro 3.85 – continuação)

Sujeito resumido por *tudo, nada, ninguém*	
O verbo fica no singular	"Mães, pais, filhos, ninguém saiu de casa."
Um dos que	
O verbo fica no plural (construção dominante) ou no singular	"Ela foi uma das que mais descansaram."
	"Ela foi uma das que mais descansou."
Sujeito representado por nome próprio com forma de plural	
Se houver artigo, o verbo fica no plural	"**Os** Estados Unidos não participaram do acordo."
Se houver artigo no singular, o verbo fica no singular	"**O** Amazonas é um dos maiores rios."
Se não houver artigo, o verbo fica no singular	"Campinas fica perto de São Paulo."
	"Férias faz bem."
Alguns, quantos, muitos, quais + de nós, de vós	
O verbo concorda com nós e vós ou vai para a 3ª pessoa do plural	"Alguns de nós encontraram o amor."
	"Alguns de **nós** encontramos o amor.
Algum, qual + de nós, de vós	
O verbo concorda com algum e qual	"**Algum** de nós encontrou o amor."
	"Qual de nós pode se manifestar?"
A maioria de, a maior parte de, grande número de + nome no plural	
O verbo fica no singular ou no plural	"A **maior** parte dos amigos se cumprimentou."
	"A maior parte dos **amigos** se cumprimentaram."
Verbo ser	
Com sujeito correspondendo a tudo, isto, aquilo, o verbo parecer e o verbo ser concorda m com o predicativo	"Tudo são **histórias**."
	"Isto são **lorotas**."
	"Tudo pareciam flores"
	"Aquilo era uma grande bobagem".

(Quadro 3.85 – continuação)

Com sujeito inanimado e predicativo no plural, o verbo fica no plural	"A ilusão são delírios da alma." "A veste eram uns trapos."
Se o sujeito for nome de pessoa ou pronome pessoal, a concordância será normal	"Ela é as alegrias do casal." "Tamires é as alegrias do casal."
Sendo o sujeito uma palavra de sentido coletivo, o verbo fica no plural	"A maioria eram alunos carentes."
Sendo o predicativo uma forma de pronome pessoal, o verbo concorda com o pronome	"O campeão sois vós."
Indicação de horas, datas, distância, sendo o verbo *ser* impessoal, este concorda com a expressão numérica	"São **três** horas." "Eram **onze** de setembro." "É **uma** hora."
Na indicação de datas, existem três possibilidades de construção (conferir exemplos ao lado)	"Hoje são 24 de dezembro." "Hoje é dia 24 de dezembro." "Hoje é 24 de dezembro." (em que o verbo concorda com a ideia implícita de "dia")
Locução é que	
Invariável	"Eu é que amo." "Tu é que amas." "Ele é que ama."
Verbos *dar*, *bater* e *soar*	
Concordam normalmente com o sujeito em relação às horas	"Bateram **seis** horas o relógio da praça." "Deu **uma** hora." "Soaram **sete** horas no relógio da capela."

(Quadro 3.85 – continuação)

Verbo auxiliar *parecer*	
Quando o verbo *parecer* é seguido do infinitivo de outro verbo, apenas um deles fica no plural	"Os alunos parecem caminhar no corredor." "Os alunos parece caminharem no corredor. As estrelas parecem brilhar no céu."
Em orações desenvolvidas, o verbo *parecer* fica no singular	"As estrelas parece que brilhavam no céu."
Verbo + *se*	
Quando há verbo intransitivo seguido de *se* índice de indeterminação do sujeito, o verbo fica no singular	"Falou-se muito sobre isso na reunião."
Quando há verbo transitivo indireto seguido de *se* índice de indeterminação do sujeito, o verbo fica no singular	"Necessita-se de amigos."
Quando há verbo transitivo direto seguido de *se* pronome apassivador, o verbo concorda com o sujeito. (A frase pode ser transformada na voz passiva analítica)	"Cometeram-se os mesmos erros." (Os mesmos erros foram cometidos.)
Verbos impessoais	
São aqueles que não têm sujeito: exprimem uma ação que não se pode atribuir a nenhuma pessoa gramatical.	
Quando há verbos que indicam fenômenos da natureza (como *chover, nevar, ventar, amanhecer* etc.), o verbo fica no singular	"Nevou muito ontem."
Quando há verbo *haver* no sentido de "existir", o verbo fica no singular	"Havia muitas mesas cheias na sala".

(Quadro 3.85 – conclusão)

Quando há verbo que faz referência a tempo (*haver, fazer, ir, estar, ser*), o verbo fica no singular	"Há cinco meses que não liga." "Faz cinco meses que não liga." "É cedo." "Faz muito frio." "Fará verões belíssimos."
Verbos *existir, acontecer, faltar, sobrar* etc.	
Quando empregados com sujeito posposto, o verbo concorda com este	"Existem motivos suficientes para eu te amar." "Faltam motivos suficientes." "Sobram motivos."

Regências verbal e nominal

Entre os diferentes termos da oração, estabelece-se uma relação de regência, ou seja, alguns termos são regidos por outros. Na regência **verbal**, um verbo é regente e estabelece relação com um termo regido com o uso de preposição. Na regência **nominal**, é o nome que rege.

Observe os dois exemplos a seguir:

(i) "Todo ser humano tem necessidade **de** ajuda."
(ii) "Todo ser humano necessita **de** ajuda."

Em (i) o substantivo (nome) *necessidade* pede a preposição *de*, caracterizando uma regência nominal. Em (ii), o verbo *necessita* pede a preposição *de*, configurando uma regência verbal.

Algumas palavras mudam de significado se forem usadas com ou sem preposição. Confira alguns casos no quadro a seguir.

Quadro 3.86 – Verbos com sentidos diferentes conforme sua (in)transitividade

Com preposição	Sem preposição
assistir a = estar presente, presenciar, comparecer, ver	assistir = ajudar
aspirar a = desejar	aspirar = sorver
chamar a = dar nome a, denominar, apelidar	chamar = convocar, fazer vir
atender a = levar em conta, satisfazer	atender = deferir, acolher

— 3.4 —
Regras de funcionamento da escrita

É inegável a importância do conhecimento das regras de funcionamento da escrita como um recurso de inserção do ser humano no universo laboral e social. Dessa forma, apresentamos, a seguir, algumas normas essenciais que aprimoram o processo de comunicação verbal.

— 3.4.1 —
Letras maiúsculas e minúsculas

A letra maiúscula é um recurso da língua escrita muito importante, pois dá indicações que devem ser respeitadas. Arrolamos, a seguir, as regras mais importantes sobre o uso das maiúsculas e minúsculas.

- É recomendado o uso de iniciais maiúsculas em acidentes geográficos, como em: Oceano Atlântico, Rio Negro.
- No interior de nomes próprios, as monossílabas devem ser grafadas com inicial minúscula, como em: Ministério do Trabalho, João da Silva.
- É opcional o uso de inicial maiúscula ou minúscula em termos de reverência, tratamento ou religioso, como: senhor doutor ou Senhor Doutor, santo Expedito ou Santo Expedito. Também é facultativo o uso em nomes de cursos ou disciplinas: português ou Português, direito ou Direito; nomes logradores públicos: rua Bruno Lobo ou Rua Bruno Lobo; e nomes de templos ou edifícios: igreja ou Igreja Bom Jesus, palácio ou Palácio Iguaçu.
- É obrigatório o uso de inicial maiúscula em: nomes próprios: Margarete Costa, Curitiba, Brasil.
- É obrigatório uso de maiúscula em nome de festividades: Natal, Páscoa.
- É mandatório o emprego de maiúscula para a Constituição quando lei fundamental do país: Constituição Federal de 1988. O mesmo se aplica a leis acompanhadas de números: Lei n. 14.020, de 6 de julho de 2020. Também essa é orientação para indicar nomes consagrados de leis: Lei de Diretrizes e Bases da Educação, Lei Maria da Penha.

- Usa-se maiúscula inicial na palavra União quando esta é empregada com sentido de ente federado.
- Emprega-se maiúscula para nomes de eras: Idade Média. O mesmo é válido para fatos históricos: Descobrimento do Brasil, Acordo Luso-Brasileiro.
- Quando um termo é utilizado em sentido especial, como um elemento único, usa-se letra inicial maiúscula. Isso pode acontecer com vocábulos como: *corte* – A Corte encerra seus trabalhos; *federação* – O país é composto por Federações; *estado* – A união faz nascer um novo Estado; *igreja* – A Igreja acolhe tal prerrogativa; *justiça* – A Justiça é favorável a tal decisão.
- É recomendado o uso de maiúsculas em nomes de órgãos públicos, instituições militares, empresas privadas, como: Ministério Público, Superior Tribunal de Justiça, Prefeitura Municipal de Curitiba.

— 3.4.2 —
Sinais de pontuação

O ponto final é o sinal ortográfico de pontuação utilizado no final de uma frase declarativa. Confira, a seguir, os casos em que se usa o ponto final.

Quadro 3.87 – Ponto final

Finalização de frases declarativas ou imperativas	"O edifício parecia danificado, no entanto tudo no seu interior era conservado com zelo." "Faça o que te digo."
Abreviaturas	fev. = fevereiro, hab. = habitante, rod. = rodovia Sr., Sra., Srta., p. Dr., Exª., Sr.
Marca uma pausa absoluta, um final	"Pedro morreu."

Para empregar a vírgula com correção, é necessário ter conhecimentos gramaticais, mas a intuição pode ajudar em muitos casos. Leia o quadro e, principalmente, os exemplos para entender melhor cada situação.

Quadro 3.88 – Vírgula

Separar elementos de uma relação	"A casa tem dois quartos, sala, sala de jantar, área de serviço e um banheiro."
Isolar o vocativo (palavra que serve para invocar, chamar)	"Joana, desligue já esse computador!"
Isolar o aposto (locução substantival que serve para caracterizar um elemento)	"Milton, o médico da família, é lindo."
Separar o nome de localidades das datas	"Recife, 28 de dezembro de 2015."
Fechamento de correspondência	"Com muito amor," 'Respeitosamente,"
Isolar elementos repetidos	"O reino, o reino está destruído."
Quando a ordem direta é rompida	"Os alunos, muitas vezes, são a razão de tanto estudo."

(continua)

(Quadro 3.88 – conclusão)

Quando algum termo é deslocado de seu lugar natural na frase	"Para os professores, os alunos mostram seus saberes."
Separar expressões explicativas ou retificativas, como *isto é, aliás, além, por exemplo, além disso, então*	"Nós viajaremos para a América do Norte, aliás, para o Canadá."
Separar orações coordenadas assindéticas (sem preposição)	"Cobram muitos impostos, poucas obras são feitas."
Separar orações coordenadas sindéticas, desde que não sejam iniciadas por *e*, *ou* e *nem*	"Não compareci ao trabalho ontem, pois estava viajando."
Separar orações relativas, intercaladas, subordinadas e adversativas introduzidas por *mas, contudo, todavia e porém*	"Ela ganhou um carro, mas não sabe dirigir." "O filme, disse ele, é fantástico." "Não lhe posso garantir nada, respondi secamente."
Separar orações adjetivas explicativas	"*Vidas Secas*, que é um romance contemporâneo, foi escrito por Graciliano Ramos."
Isolar os adjuntos adverbiais	"Os alunos serão atendidos, das sete às onze, pelo professor."
Separar o adjunto adverbial antecipado	"Lá no sertão, as noites são escuras e perigosas."
Separar o paralelismo de provérbios	"Ladrão de tostão, ladrão de milhão." "Ouvir cantar o galo, sem saber onde".

No texto jurídico, a pontuação observa regras rígidas. No caso de um dispositivo de lei, a indicação pode ser realizada em ordem direta crescente ou decrescente. Na ordem direta crescente, a preposição *de* é utilizada sem a vírgula; e na ordem decrescente, não há o uso da preposição *de* – em seu lugar, usa-se a vírgula. Confira:

uso do de + o = do, sem vírgulas
"O inciso II **do** art. 7º da Constituição prevê o seguro-desemprego."

não usa a preposição *de*, mas sim as vírgulas
O art. 7º, II, da Constituição prevê o seguro-desemprego.

O ponto e vírgula, por sua vez, equivale a uma pausa maior do que a da vírgula e menor que a do ponto final. Ele serve para separar orações independentes, sendo que a segunda tem um unidade temática nova, ainda que relacionada à da oração anterior.

Quadro 3.89 – Ponto e vírgula

Itens de uma enumeração: separar vários incisos de um artigo de lei ou itens de uma lista, por exemplo	Art. 206. O ensino será ministrado com base nos seguintes princípios: I–igualdade de condições para o acesso e permanência na escola;
Separar orações coordenadas que já apresentem vírgula em seu interior	Criança, foi uma garota sapeca; moça, era inteligente e alegre; agora, mulher madura, tornou-se uma doidivanas.
Atenção: Nunca use ponto e vírgula dentro de uma oração. Ele só pode separar uma oração de outra	"Os espelhos são usados para ver o rosto; a arte, para ver a alma." Bernard Shaw

Os dois-pontos são muito conhecidos e dificilmente se encontra erro em seu emprego. Veja que, em alguns casos, depois dele usa-se letra maiúscula e, em outros, minúscula.

Quadro 3.90 – Dois-pontos

Enumeração	"Rubião recordou a sua entrada no escritório do Camacho, o modo porque falou: e daí tornou atrás, ao próprio ato. Estirado no gabinete, evocou a cena: o menino, o carro, os cavalos, o grito, o salto que deu, levado de um ímpeto irresistível..." (Machado de Assis)
Citação	Já dizia o poeta: "Deus dá o frio conforme o cobertor".
Fala de uma pessoa, personagem	"Chamei os santos de que sou devocionário: – "São Jorge, Santo Onofre, São José!"
Introdução de exemplos	"Parônimos são vocábulos diferentes na significação e parecidos na forma. Exemplos: ratificar/retificar, censo/senso, descriminar/discriminar etc."
Notas	"Nota: A preposição *per*, considerada arcaica, somente é usada na frase de *per si* (= cada um por sua vez, isoladamente)."
Observações	"Observação: Na linguagem coloquial, pode-se aplicar o grau diminutivo a alguns advérbios: cedinho, longuinho, melhorzinho, pouquinho etc."
Invocação em correspondência:	'Querida amiga:" "Prezados senhores:"
Esclarecimento	"Descobri a grande razão da minha vida: você."

Este sinal de pontuação não traz dúvidas, é o mais simples de todos, mas é sempre bom retomar seu uso: o ponto de interrogação.

Quadro 3.91 – Ponto de interrogação

Fim de uma palavra, oração ou frase, indicando uma pergunta direta Atenção: Não deve ser usado nas perguntas indiretas	"O criado pediu licença para entrar: – O senhor não precisa de mim? – Não obrigado. A que horas janta-se? – Às cinco, se o senhor não der outra ordem. – Bem. – O senhor sai a passeio depois do jantar? de carro ou a cavalo? – Não." (José de Alencar)

Para finalizar, outro sinal que não traz dúvidas: o ponto de exclamação.

Quadro 3.92 – Ponto de exclamação

Final de frases exclamativas, depois de interjeições ou locuções, que normalmente exprimem admiração, surpresa, assombro, indignação etc.	"Atenção!" "Viva o meu príncipe!"

— 3.4.3 —
Correção e adequação linguística em diferentes situações de uso profissional

O texto jurídico apresenta algumas nuances que precisam ser conhecidas por quem adentra na área, principalmente nas situações de escrita que demandam fazer referências às normas (leis, decretos, portarias etc.).

Quando se cita uma lei, na primeira ocorrência, deve ser indicado o número dessa lei, seguida da data, sem abreviatura do mês e ano: Lei n. 11.340, de 7 de agosto de 2006; nas menções que se seguem, basta colocar o número e o ano: Lei n. 11.340, de 2006 ou Lei n. 11.340/2006.

- **Datas**

    As datas recebem um tratamento especial, principalmente em textos legais. O nome da localidade não deve ser abreviado e não há necessidade de escrever a unidade da federação. Somente se faz isso com nomes de localidade semelhantes em outros estados.

    O dia é expresso em número cardinal, e o primeiro dia é sempre em ordinal, nunca precedido de zero; o mês é escrito por extenso com a inicial minúscula. O ano é em cardinal sem o uso de ponto. Exemplo: Curitiba, 5 de outubro de 2020.

    Datas comemorativas são escritas, de preferência, por extenso: Sete de Setembro, Quinze de Novembro, Vinte e Cinco de Dezembro.

    Se for utilizada a data abreviada, no interior do texto, não se usa zero antes da indicação de dias e meses. Ex.: 5/9/2020.

- **Horas**

    A abreviatura de horas é "h"; de minutos é "min", e de segundos é "s", sempre em minúsculo e sem ponto. Não há necessidade de usar o símbolo de minutos. Formalmente, não existe o uso de dois-pontos entre os numerais para indicar hora. Não há plural para essas formas e não há necessidade de colocar "00" nem zero antes dos numerais.

Quando se faz referência à duração de tempo, escreve-se por extenso tanto o numeral quanto a unidade de medida de tempo. Exemplo: A aula tem cinquenta minutos de duração.

- **Siglas**

As siglas são um grupo de letras iniciais que forma uma palavra ou uma sequência de letras que abrevia o nome de organizações, empresas, estados, países e processos, a fim simplificar a leitura de um texto ou evitar repetição.

É recomendado que, na primeira ocorrência do nome, este seja apresentado por extenso e, em seguida, seja colocada a sigla entre parênteses ou entre travessões.

Na escrita das siglas, deve-se observar o seguinte:
- Siglas de até três letras são grafadas com maiúscula: ONU.
- Siglas com quatro ou mais letras e lidas letra a letra ficam em maiúscula: INSS.
- Siglas com quatro ou mais letras que são pronunciáveis ficam somente com a inicial maiúscula: Unesco.
- Siglas com leitura mista ficam em maiúscula: DNIT (Departamento Nacional de Infraestrutura de Transportes).
- Siglas consagradas têm grafia própria: MinC (Ministério da Cultura), MEC (Ministério da Educação).
- Órgãos estrangeiros têm siglas com as letras da tradução: FMI (Fundo Monetário Internacional).
- Órgãos estrangeiros podem ter siglas na língua estrangeira: Nafta (North America Free Trade Agreement/ Acordo de Livre Comércio da América do Norte).
- Não se usam aspas nas siglas.

- Não se usam pontos entre as letras das siglas.
- No plural, usa-se um "s" minúsculo após a sigla, se esta não terminar com essa letra.
- O plural pode ser realizado com a duplicação das letras se a sigla for composta de até duas letras: HHCC (*Habeas Corpus*).

- **Abreviaturas**

As abreviaturas também são formas reduzidas de escrever uma palavra ou termo. O *Manual de Redação do Supremo Tribunal Federal* orienta a evitar sempre que possível o uso de palavras abreviadas. Para abreviar, escreve-se a primeira sílaba e a primeira letra da segunda sílaba, seguidas de ponto abreviativo: dir. – Direito.

Existem algumas observações com relação às abreviaturas que devem ser conhecidas, conforme apresentamos no Quadro 3.93.

Quadro 3.93 – Abreviaturas: regras

Regra	Separação em sílabas	Abreviatura
Mantêm-se a primeira sílaba e a primeira letra da segunda	Bra-si-lei-ro	Bras.
Mantém-se a segunda sílaba que tem duas consoantes (considerando apenas essas duas letras)	Crons-tru-ção	Constr.
Mantém-se o cento gráfico ou o hífen	Sé-cu-lo De-cre-to-lei	Séc. Dec.-lei

(continua)

(Quadro 3.93 – conclusão)

Regra	Separação em sílabas	Abreviatura
Faz-se abreviatura por contração, realizando supressão de letras	Ba-cha-rel i-lus-trís-si-mo	Bel. Ilmo.
Algumas abreviaturas admitem flexão de gênero ou número	Se-nho-ra	Srª.
Se possível, deve-se terminar a abreviatura com consonate	a-cór-dão	Ac.

Algumas abreviaturas são **exceções** à regra, as mais comuns são as que listamos no Quadro 3.94.

Quadro 3.94 – Abreviaturas: exceções

a.C. ou A.C. (antes de Cristo)	ap., apart. ou apto (apartamento)	pp. (páginas)	p. (página, pé, palmo)
btl. (batalhão)		pg. (pago)	
cx. (caixa)	i.e. (isto é)	P.S. (pós--escrito)	u.i. (uso interno)
D. (digno, Dom, Dona)	f. ou fl. ou fol. (folha)	Q.G. (quartel--general)	S.A. (Sociedade Anônima)
S.O.S. (Save Our Soul = Salve nossa alma, em apelo de socorro)		U.S.A. (United States of America = Estados Unidos)	

Não se abreviam palavras com menos de cinco letras. São exceções: h (hora), id. (idem), S. (São), t. (tomo), v. (ver, veja, vide).

Atenção	A abreviatura de Sociedade Anônima é S.A.
	Recomenda-se o ponto, e não a barra.
	Quando o ponto abreviativo está no final de uma frase, não se coloca ponto final.
	As abreviaturas de meses podem ser assim:
	JAN, Jan., jan.
	O mês de maio não é abreviado.

As abreviaturas das unidades de medida não têm plural nem ponto:

- centímetro (cm)
- metro (m)
- segundo (s)
- grama (g)
- milímetro (mm)
- quilograma (kg)
- quilômetro (km)

Entretanto, quando estas são apresentadas isoladamente, devem ser grafadas por extenso: *grama, mililitro*.

Síntese

Este capítulo foi construído com o intuito de ser uma fonte de consulta para esclarecimentos de dúvidas e suporte para estudos sobre a língua. Mostramos que a redação jurídica adota a gramática normativa, sendo, portanto, imprescindível o estudo da norma culta. Desse modo, apresentamos, de forma sintetizada, a fonologia e a fonética, a morfologia, a sintaxe e as regras mais importantes de funcionamento da escrita.

Alertamos, porém, para o fato de que somente se aprende a usar a língua de forma correta exercitando-a, isso é, em uso, o que demanda justamente conhecer a norma para com ela poder fazer comparações, elaborações e esclarecer dúvidas. Este foi nosso principal objetivo neste capítulo: expor a gramatica normativa de forma simples e rápida, como material para consulta.

Capítulo 4

Texto jurídico

O texto jurídico é utilizado nas peças processuais, como decisões, sentenças, petições, certidões, despachos e recursos. As principais características de tais documentos são: clareza, concisão, simplicidade, correção, precisão com o uso de termos específicos e compatíveis com as diferentes naturezas dos diversos assuntos tratados.

Dessa forma, neste capítulo, versaremos sobre o vocabulário jurídico, suas características, aplicações e necessidades de uso. Discorreremos também sobre a semântica jurídica, refletindo sobre o significado das palavras até o estudo das construções do texto jurídico, com a organização dos parágrafos e a construção das modalidades de texto no português forense (narração, descrição e dissertações expositiva e argumentativa).

Para finalizar nossos estudos, analisaremos a coesão e a coerência textuais, obtendo uma visão total dos textos voltados para o universo jurídico.

A Constituição Federal, em seu art. 13 ("A Língua Portuguesa é o idioma oficial da República Federativa do Brasil" – Brasil, 1988), garante uma unidade linguística oficial no país. Todavia, tendo nosso país um território continental, são comuns variações no uso da língua, tanto com relação à pronúncia quanto ao vocabulário, entre outros aspectos, conforme aludimos nos primeiros capítulos desta obra.

No universo jurídico, é utilizada a linguagem técnica voltada ao ordenamento jurídico. Esta se diferencia do uso popular, ou até mesmo vulgar, da língua, visto que a precisão do enunciado e de seu entendimento é primordial para a efetivação dos direitos dos seres humanos.

A validade de um processo jurídico, seja ele qual for, depende da redação dada por seu representante legal, havendo a necessidade, para isso, do estudo do vocabulário jurídico.

— 4.1 —
Vocabulário jurídico

O vocabulário jurídico apresenta características próprias: deve ser inequívoco e sempre voltado para a preservação dos direitos e deveres das pessoas. Os princípios de justiça, moral e ética necessitam ser preservados, mesmo os que sejam voltados à persuasão. E uma forma democrática de comunicação é a clareza e a simplicidade do processo, a fim de que este se torne compreensível.

Por muito tempo, o vocabulário jurídico esteve repleto de termos técnicos, com uso excessivo de expressões arcaicas, termos extravagantes e pouco usuais, jargões da área, utilização de muitos termos em latim e uso exagerado de figuras de linguagem. Isso tornava o texto rebuscado e inacessível. Tal fenômeno teve várias nuances, denominadas *juridiquês*, *latinismo*, *arcaísmo* e *preciosismo*.

Para iniciar, vale especificar em que consistem alguns **vícios jurídicos** a serem evitados:

- **Juridiquês** – Uso desnecessário e excessivo do jargão jurídico e de termos técnicos de Direito, com exagero terminológico, floreio e outros recursos dispensáveis.
- **Latinismo** – Uso de termos latinos em excesso, sem a devida explicação de seu significado.
- **Prolixidade** – Uso excessivo das palavras, marcado por repetições desnecessárias, explicações redundantes.
- **Estruturas frasais extensas e complexas** – Composição de frases longas, com uso de apostos e elaboração de orações em ordem indireta.
- **Jargão jurídico** – Emprego de uma linguagem pouco compreensível, que pode ser comum para os operadores de direito, porém de difícil entendimento para quem não pertence à esfera forense.
- **Redundância** – Insistência desnecessária de uma mesma ideia.

Indicação de leitura

ASSOCIAÇÃO DOS MAGISTRADOS BRASILEIROS. **O Judiciário ao alcance de todos**: noções básicas de juridiquês. Brasília: AMB, 2005. Disponível em: <http://www.municipiomedicadf.com.br/publicacoes/juridiques.pdf>. Acesso em: 16 abr. 2021.

A linguagem, como declaramos nos primeiros capítulos deste livro, é uma forma de poder, e o uso de recursos como os mencionados há pouco serve para dissipar a atenção do interlocutor, a fim de mascarar o processo comunicativo. O propósito da comunicação é que os envolvidos compreendam o que está em discussão. Reforça isso o texto da Lei n. 9.099, de 26 de setembro de 1995, que, no parágrafo 1º do art. 14, se refere à formulação do pedido de forma simples e em linguagem acessível, como meio de se obter a melhor compreensão do processo pelas próprias partes, destinatárias últimas da prestação jurisdicional (Brasil, 1995). Confira o teor do referido dispositivo:

> Art. 14. O processo instaurar-se-á com a apresentação do pedido, escrito ou oral, à Secretaria do Juizado.
>
> § 1º Do pedido constarão, de forma simples e em linguagem acessível:
>
> I – o nome, a qualificação e o endereço das partes;
>
> II – os fatos e os fundamentos, de forma sucinta;
>
> III – o objeto e seu valor. (Brasil, 1995)

Isso não implica, porém, em uma proibição do uso de uma linguagem mais elaborada ou de termos técnicos inevitáveis. Em verdade, isso aponta para a necessidade de se estar atento ao abuso de recursos que tornam a linguagem incompreensível. Nesse sentido, algumas regras precisam ser obedecidas a fim de padronizar o uso da língua a fim de torná-lo mais eficiente. Isso porque ser objetivo e direto favorece a eficiência e a rapidez na busca de solucionar os conflitos.

O vocabulário jurídico é utilizado principalmente pelos operadores do direito: juízes, promotores e todos os que atuam no âmbito judicial. Eles devem ter experiência, conhecimento da norma aplicada ao contexto amplo do sistema jurídico. Em síntese, a linguagem jurídica é técnica e está fundamentada na norma; com isso, valendo-se de um vocabulário específico, o advogado deve e pode utilizar-se de termos técnicos quando julgar necessário.

Nesse contexto, o vocabulário jurídico é desenvolvido por termos específicos do direito e termos da linguagem comum, utilizados com seus significados próprios ou assumindo novas acepções. Em toda essa conjuntura, o conhecimento da língua portuguesa é fundamental, de modo a evitar falhas na comunicação e vícios de linguagem.

Os **vícios de linguagem** são desvios habituais da norma culta e se manifestam em expressões que surtem interpretações incorretas. As mais comuns são:

- **Pleonasmo vicioso** – Redundância exagerada: "certeza absoluta", "encarar de frente".
- **Ambiguidade** – Duplo sentido: "O policial matou o bandido em sua casa.".
- **Arcaísmo** – Expressões ultrapassadas: "Vosmecê está cometendo um ato ilícito.".
- **Barbarismo** – Escrita ou pronúncia incorreta ou emprego incorreto de uma palavra: "mendingo", "probrema".

- **Cacofonia** – Produção de som desagradável ou que remete a um significado inadequado: "Ela tinha esperanças!", Nosso hino foi cantado pela torcida.".
- **Solecismo** – Desvio da regra de sintaxe: "Fazem quatro dias que não a vi.".
- **Vaguidade** – Falta de precisão no significado de uma palavra: "Ela é velha." (A noção de velhice varia conforme a perspectiva da análise, visto que, para um adolescente, alguém de 50 anos é velho.).

Basicamente o vocabulário jurídico é dividido em três grupos, os quais estão especificados na Figura 4.1.

Figura 4.1 – Classificação do vocabulário jurídico

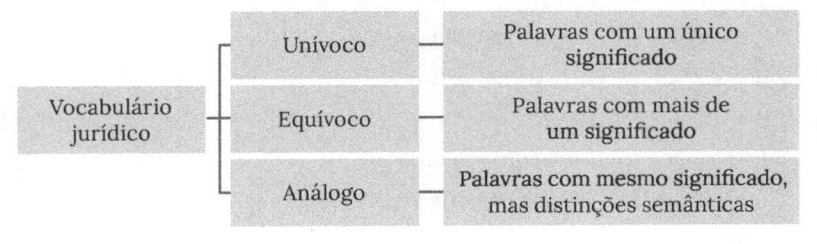

Vocabulário jurídico		
	Unívoco	Palavras com um único significado
	Equívoco	Palavras com mais de um significado
	Análogo	Palavras com mesmo significado, mas distinções semânticas

Os termos **unívocos** compartilham seus significados no universo jurídico e fora dele. São termos comuns, sempre usados com o mesmo sentido.

Já os termos **equívocos**, também conhecidos como *plurissignificantes* ou *polissêmicos*, apresentam mais de um significado dependendo do contexto de uso. Isso acontece em quase todas as áreas; exemplificando, o termo *lavrar* tem o sentido de "cultivar", "arar a terra" no sentido comum; e no jurídico, significa "expressar", "redigir", "escrever" uma sentença ou uma ata, por exemplo. Outro exemplo é a palavra *despacho*, que, na linguagem comum, relaciona-se com as oferendas aos orixás, e, na jurídica, toma como sentido "resolver", "deferir", "expedir", "aviar".

No Quadro 4.1, mostramos dois termos polissêmicos e suas acepções.

Quadro 4.1 – Polissemia das palavras *pena* e *direito*

Polissemia		
	Pena	Sofrimento
		Piedade
		Mágoa
		Sanção
		Pluma
	Direito	Contrário de avesso
		Reto
		Íntegro
		Curso universitário
		Ciência da norma

Os temos **análogos** apresentam o mesmo significado, são tais quais os sinônimos. Um bom exemplo são os termos *resilição* e *rescisão*, que significam a dissolução de um ato jurídico. Já os vocábulos *morada*, *domicílio*, *residência* são sinônimos no vocabulário comum, mas juridicamente apresentam significados distintos (Figura 4.2).

Figura 4.2 – Termos análogos no uso comum, mas diferentes no âmbito jurídico

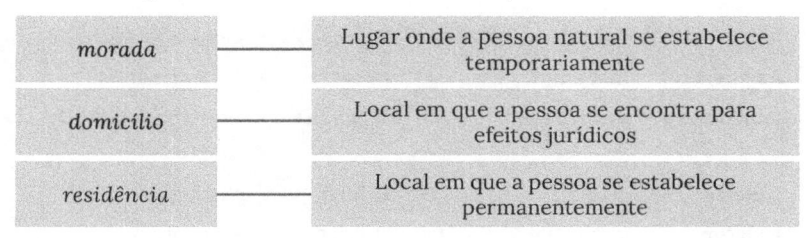

morada	Lugar onde a pessoa natural se estabelece temporariamente
domicílio	Local em que a pessoa se encontra para efeitos jurídicos
residência	Local em que a pessoa se estabelece permanentemente

A residência pode coincidir com o domicílio, não podendo ser morada provisória como em um hotel. Uma pessoa pode ter várias residências e domicílios.

Outros termos como *suplicante* e *suplicado* são arcaicos e devem ser evitados.

Há, ainda, os termos *homônimos*. Eles apresentam som (homófono) ou escrita (homógrafo) semelhante, mas tendo significados distintos. Um homófono de bastante dificuldade é o termo *seção*, que também pode ser grafado *sessão* ou *cessão*. **Seção**, significa parte de um todo maior: "seção jurídica"; **sessão** representa a reunião de pessoas: "sessão de plenário"; e **cessão**, deriva do verbo ceder: "Ele fez a cessão dos bens aos filhos.".

Os **parônimos** são palavras com significados distintos, mas aproximação no som ou na escrita, o gera confusão para alguns usuários. Os termos *mandato* e *mandado* são exemplos disso: **mandado** está relacionado com uma manda, normalmente do juiz, e **mandato** determina o período de desempenho de determinada função pública: "O mandato do presidente é de quatro anos.".

Quadro 4.2 – Parônimos que demandam atenção no âmbito jurídico

Abjeção	baixeza, aviltamento	Objeção	réplica, contestação
Absolver	inocentar	Absorver	aspirar, sorver
Acidente	desastre	Incidente	episódio, acontecimento
Deferir	atender	Diferir	distinguir
Delatar	denunciar	Dilatar	aumentar
Descriminar	retirar a culpa	Discriminar	excluir, segregar
Emenda	correção	Ementa	resumo
Flagrante	exato momento	Fragrante	substrato olfativo
Inflação	aumento de preços de produtos	Infração	ato de infringir
Infringir	transgredir	Infligir	atribuir, impor
Mandado	ordem ou despacho	Mandato	exercício de poder político
Penhor	direito real de garantia dada pelo devedor	Penhora	processo de execução ou cumprimento de sentença
Procedente	que se justifica	Precedente	situação que antecede outra

Uso dos porquês

Na língua portuguesa, há quatro formas de escrita dos porquês, uma vez que se trata de termos diferentes com uso específico. Estes estão explicitados e exemplificados no Quadro 4.3.

Quadro 4.3 – Os porquês

Forma de escrita	Uso	Exemplo
Porque	Liga orações Equivale a *pois, já que, visto que, como, uma vez que*	"Ela defendeu o réu porque acreditava nele."
Por que	Inicia perguntas Equivale a *por qual motivo ou por qual razão, pelo qual, pelos quais*	"Por que você a defendeu?"
Por quê	Finaliza a frase, antes de um ponto final, de interrogação, de exclamação ou de reticências	"Ele foi defendido, por quê?"
Porquê	Equivale a *causa, razão ou motivo* É um substantivo Sempre é precedido de um artigo (*o, as, os, as, um, uns*), de um pronome demonstrativo (*este, estes, esse, esses, aquele, aqueles*) ou de um numeral É o único dos quatro que pode ser usado no plural	"O réu que saber o porquê da sentença." "Os promotores não entendem os porquês dos questionamentos do réu."

Ampliação do vocabulário

Nada melhor que leitura e estudos constantes para ampliar o vocabulário. A pesquisa, quando surgir alguma dúvida, é essencial. A seguir, no Quadro 4.4, listamos alguns termos utilizados no âmbito forense e que podem suscitar dúvidas.

Quadro 4.4 – Termos jurídicos que podem suscitar dúvidas

Agravante	Que agrava
Antinomia	Contradição, oposição recíproca
Anuência	Aprovação, concordância
Ardil	Cilada, astúcia, manha
Armistício	Trégua, suspensão temporária de guerra
Casuístico	Defensor das causas, advogado
Contingente	Eventual
Defeso	Vedado, proibido
Demanda	Ação judicial, litígio
Desídia	Negligência, indolência
Dilação	Prazo, demora, prorrogação
Dileção	Afeição, estima
Imanente	Permanente, inerente
Indenização	Compensação, ressarcimento
Írrito	Sem efeito, nulo
Isenção	Desobrigação, imparcialidade
Jacente	Estacionário, que jaz
Lato	Largo, extremo, amplo
Maquiavélico	Astuto, velhaco
Provento	Lucro, rendimento, renda
Suasório	Persuasivo
Tácito	Calado, silencioso, implícito, subentendido

Formatação do texto jurídico

A apresentação gráfica do texto jurídico é responsabilidade de seu emissor. Além de bem-escrito, o texto deve ser bem-apresentado. Atualmente, com os recursos tecnológicos, o texto jurídico, na maioria das vezes, já está formatado, cabendo ao operador do direito preencher lacunas. De qualquer modo, a apresentação deve ser cuidada. Seguem algumas recomendações:

- A cor da fonte deve ser apenas preta.
- A fonte deve ser padronizada, preferencialmente "times new roman" ou "arial".
- O tamanho da fonte deve ser 12 ou 14 pontos, por serem os corpos de fonte que deixam o texto mais claro para ser lido.
- O espaçamento entrelinhas deve ter um padrão; o ideal é que seja de 1,5 cm e zero antes de depois. Recuo na primeira linha de 1,25 cm. E, para que haja uma boa apresentação, recomenda-se que o texto esteja justificado. Confira a seguir essas aplicações no programa de edição de textos mais utilizado, Word:

Figura 4.3 – Formatação recomendada

(Captura de tela da caixa de diálogo "Parágrafo" com as seguintes configurações)

Recuos e espaçamento | Quebras de linha e de página

Geral
- Alinhamento: Justificada
- Nível do tópico: Corpo de Texto — ☐ Recolhidos por padrão

Recuo
- Esquerda: 0 cm
- Direita: 0 cm
- Especial: Primeira linha
- Por: 1,25 cm
- ☐ Espelhar recuos

Espaçamento
- Antes: 0 pt
- Depois: 0
- Espaçamento entre linhas: 1,5 linhas
- Em:
- ☑ Não adicionar espaço entre parágrafos do mesmo estilo

— 4.2 —
Semântica jurídica

A semântica estuda o significado das palavras, que podem ser parecidos, contrários ou diferentes. Quando as diferenças de significado se verificam em situações distintas, são denominadas *descritivas* ou *sincrônicas*; quando mudam no decurso do tempo, são as *históricas* ou *diacrônicas*.

O profissional do direito precisa conhecer os termos utilizados em tribunais, ações e petições, bem como seus significados. Diante disso, selecionamos alguns deles para esclarecer e ampliar seus estudos. Estes estão apresentados no Quadro 4.5.

Quadro 4.5 – Termos jurídicos de uso frequente e seus significados aplicados na área

Ação	Direito de ingressar em juízo para que o Estado dê uma solução para um conflito, na busca de uma resposta de mérito.
Acórdão	Decisão judicial colegiada atribuída pelos tribunais
Agravante	Circunstância que aumenta a gravidade do delito
Agravo	Tipos de recurso no processo apresentado à instância superior
Apelação	Recurso após ser proferida a sentença
Averbação	Registro diante alguma resolução extrajudicial dos conflitos
Autos	Conjunto de todas as peças processuais relativas a um processo
Calúnia	Atribuição de crime a quem não o cometeu
Citação	Chamamento do réu para o processo
Circunscrição	Área de atuação dos agentes públicos
Cláusula pétrea	Dispositivo constitucional imutável
Código	Conjunto de disposições legais
Comarca	Território de atuação de um juiz
Contestação	Direito de resposta
Contravenção penal	Infração penal, tratada como crime menor
Corpo de delito	Elementos que apontam que houve um crime

(continua)

(Quadro 4.5 – conclusão)

Crime	Infração penal
Difamação	Acusação feita a alguém de forma que fira sua reputação
Despacho	Pronunciamento do juiz que tem apenas o objetivo de *dar sequência ao processo*
Dolo	Intenção de prejudicar outrem ou praticar o mal
Ementa	Resumo de uma decisão judicial
Fórum	Espaço em que está sediado o Poder Judiciário
Fungibilidade dos recursos	Interposição de um recurso por outro
Impetrado	Designação do réu no mandado de segurança
Injúria	Ato ofensivo
Intempestivo	Ato processual realizado fora do prazo estabelecido pela lei
Jurisprudência	Conjunto de julgados, de decisões de mérito, sobre determinado assunto, que seguem um mesmo sentido
Liminar	Proteção cautelar de um Direito
Litisconsórcio	Existência de mais de uma parte em um dos polos do processo
Mandato	Ordem destinada
Medida cautelar	Proteção concedida a alguém
Ônus da prova	Obrigação que tem aquele que alega os fatos de prová-los
Partes	Pessoas que atuam no processo
Parecer	Opinião manifestada diante da questão jurídica
Peculato	Crime cometido por funcionário público que se vale de seu cargo para proveitos próprios
Petição	Pedido escrito
Recurso	Pedido de revisão de uma decisão judicial junto de uma instância superior
Revelia	Não comparecimento em audiência
Suspeição	Dúvidas sobre a imparcialidade
Vade Mecum	Livro com as noções indispensáveis e essenciais do Direito
Vara	Área de atuação de um juiz

Latim

O latim é uma língua morta, isto é, não tem mais falantes nativos, porém ela é ainda utilizada em alguns rituais, na academia e no direito. Sua construção sintática é estabelecida com declinações, ou seja, com conjugações de palavras. Os substantivos, adjetivos, pronomes são formados por meio de terminações. Veja alguns casos:

- **Nominativo** – Caso do sujeito e do predicativo do sujeito: *Dominus est bonus* (o senhor é bom).
- **Genitivo** – Caso do adjunto adnominal e do complemento nominal: *Potestas domini* (o poder do senhor).
- **Dativo** – Caso do objeto indireto: *Dare domini* (dar ao senhor).
- **Acusativo** – Caso do objeto direto e do predicativo do objeto direto: *Dominum laudare* (louvar o senhor).
- **Ablativo** – Caso dos adjuntos adverbiais: *Domino iuvante* (com ajuda do senhor).
- **Vocativo** – Caso da interpelação *Domine, supplico te* (senhor, te suplico).

As citações em língua estrangeira, no caso o latim, devem ser feitas sempre em itálico, negrito ou entre aspas.

Quadro 4.6 – Termos latinos mais utilizados e suas aplicações

a contrario sensu	Pela razão contrária, em sentido contrário
a fortiori	Por mais forte razão, por maior razão, com mais razão
a posteriori	Aplicada em argumentações mais avançadas
a priori	Um conceito ou argumento é fundamentado de maneira inicial

(continua)

(Quadro 4.6 – conclusão)

a quo	Juiz ou tribunal
ab actis	Dos feitos/dos autos
ab alto	Por aproximação
ab initio	Desde o início, desde o começo
ab ovo	Desde o começo
aberratio ictus	Desvio do golpe, erro de alvo
ad argumentandum tantum	Só para argumentar
ad causam	Por causa, para a causa
ad cautelam	Por cautela
ad diem	Até o dia, dia em que termina o prazo
ad hoc	A propósito, para isto, para este fim, para o ato em questão
ad hominem	Para determinada pessoa
ad judicia	Para as coisas da Justiça (para o foro judicial)
ad litteram	Literalmente, conforme o que está escrito
ad processum	Para o processo
ad quem	O tribunal
amicus curiae	Uma terceira pessoa é convocada para auxiliar o juiz para definir o veredito
bis in idem	Algo que incide duplamente sobre o mesmo fato
conditio sine qua non	Condição sem a qual algo não pode ser
data venia	Licença ou permissão para discordar
erga omnes	O efeito vale para todas as partes envolvidas
ex nunc	Decisão que não tem efeito retroativo
ex tunc	Uma decisão que tem efeito retroativo
habeas corpus	Direito fundamental da liberdade de locomoção
habeas data	Acesso a informação sobre a própria pessoa
in dubio pro reu	Em dúvida, pelo réu
modus operandi	Procedimento convencional aplicado
periculum in mora	Há o perigo na demora

Obviamente, todos os termos têm definição e usos específicos e mais aprofundados conforme contexto e disciplina em que se enquadram.

— 4.3 —
Construção do texto jurídico: organização dos parágrafos

O texto é composto por palavras, que formam frases; estas, por seu turno, são organizadas em parágrafos, os quais configuram blocos de texto, cuja primeira linha inicia-se em recuo especial, maior do que a margem normal do texto. Para além dessa questão formal, esses blocos devem estar organizados e interligados, a fim de não se tornarem um amontoado de palavras e ideias soltas. Devem concentrar sempre uma ideia-núcleo relacionada diretamente ao tema da redação.

Não há moldes rígidos para a construção de um parágrafo, visto que há textos variados e próprios para cada uso. O ideal é que em cada parágrafo haja pelo menos três períodos, organizando a apresentação da ideia com uma introdução, um desenvolvimento e uma conclusão; essa disposição se estende também para o texto como um todo. Veja, a seguir, a estrutura ideal de um texto.

Figura 4.4 – Estrutura textual ideal

Parágrafo de introdução	Parágrafo(s) de desenvolvimento	Parágrafo de conclusão
▪ introdução ▪ desenvolvimento ▪ conclusão	▪ introdução ▪ desenvolvimento ▪ conclusão	▪ introdução ▪ desenvolvimento ▪ conclusão

Todo parágrafo (e todo texto) deve ter início, meio e fim, que são designados por introdução, desenvolvimento e conclusão, respectivamente:

- A **introdução** expressa a ideia-núcleo do que nele será desenvolvido, também denominada *tópico frasal*.
- O **desenvolvimento** é o espaço em que a ideia-núcleo é aprofundada ou ampliada. Para isso, usam-se argumentos, demonstração e o que for necessário para validar o tópico frasal.
- A **conclusão** fecha a ideia e a relaciona com um tópico que será apresentado no próximo parágrafo.

Como o **tópico frasal** apresenta a ideia-síntese do parágrafo, oferecendo ciência ao leitor do que será exposto adiante, na maioria das vezes, ele apresenta-se no início do parágrafo, tornado o texto mais objetivo. Todavia, alguns autores podem colocá-lo no meio ou mesmo no final desse bloco de texto.

O tópico frasal pode ser comparado ao esqueleto do texto. Ele representa as teses apresentadas e defendidas no escrito, auxiliando na organização de quem vai escrever. Nesse sentido, ao selecionar e organizar as ideias distribuindo sua sequência, dispõem-se os tópicos frasais a serem desenvolvidos, ou seja, a ideia principal é explicitada mediante ideias secundárias. Ao mesmo tempo, quando se vai ler ou estudar um texto, a identificação dos tópicos frasais ajuda no entendimento, e sua estrutura permite fazer um resumo das principais ideias que o autor ali expôs. A organização de um texto por tópicos frasais torna o texto mais coerente e evita repetição de ideias ou dispersões em seu desenrolar.

Os procedimentos introdutórios variam de acordo com o contexto a que servirá o texto. No entanto, há alguns artifícios que devem ser conhecidos para se iniciar um escrito. Entre eles, podemos citar:

- apresentação de uma trajetória histórica do passado ao presente;
- conceituação ou definição;
- contestação de uma ideia ou citação;
- citação ou opinião;
- comparações;
- enumeração de informações;
- narração ou descrição de um acontecimento;
- apresentação de dados estatísticos;
- questionamento;
- caracterização de espaços ou aspectos;
- alusão a uma cena ou imagem histórica.

No desenvolvimento do parágrafo, o tópico frasal é explicitado por meio de: esclarecimentos; enumerações; antíteses (figura que apresenta ideias contrárias); e classificações. O propósito, com isso, é reforçar ou refutar a ideia proposta e, principalmente, revelar uma relação de causa e consequência do que é proposto.

As ideias têm de ser distribuídas de forma lógica, sem haver fragmentação da mesma ideia em vários parágrafos. Isto é, um parágrafo deve estar relacionado com o anterior e apresentar o próximo, estabelecendo, assim, coesão entre as partes do texto.

A divisão em parágrafos é indicativa de que o leitor encontrará, em cada um deles, a exposição de um aspecto da temática abordada pelo autor. Cada parágrafo deve tratar de uma categoria específica. Essa delimitação deve estar esquematizada na organização prévia da escrita do texto, no momento do planejamento estrutural. Essa estratégia tende a conferir mais coerência ao escrito.

Recomenda-se fortemente que o parágrafo seja claro, organizado e de fácil entendimento, respeitando as normas da língua e as bases jurídicas, mas que expresse as ideias de forma que todos possam entendê-las. Isso significa que o destinatário da comunicação precisa ser levado em conta quando se produz um texto jurídico. Assim, clareza, concisão, objetividade, precisão e correção devem ser buscadas. As sugestões mais comuns na escrita são:

- não ser redundante – não repetir as mesmas ideias, evitar o excesso de palavras ou expressões;
- empregar termos mais comuns e concretos;
- compor sentenças curtas tanto quanto possível e pertinente;
- usar a voz ativa;
- adotar a ordem direta (sujeito + verbo + complemento);
- primar por palavras no sentido denotativo.

Quando um texto é compreendido de imediato, ele é claro. Isso parece óbvio, porém exige que o escritor saiba selecionar as palavras que usará, sua disposição nas frases e seu significado preciso. É aconselhável eleger termos mais simples ou, quando for necessário o uso de um termo técnico, explicar seu significado, a fim de possibilitar o entendimento do texto por qualquer pessoa que a ele tenha acesso. Também é interessante evitar regionalismos, que são entendidos somente por determinada camada da sociedade, ou neologismos desnecessários. Os termos estrangeiros, se imprescindíveis, devem estar grafados em itálico.

Frases mais curtas são mais claras e devem estar, preferencialmente, na ordem direta (sujeito, verbo e complemento) e na voz ativa. Entre as frases, deve haver uma conexão, mostrando a relação que há entre elas. Para isso, é indicado o emprego de conectivos como *desta forma, sendo assim, por outro lado*, considerando-se, obviamente, a relação semântica estabelecida entre as frases. Tais elementos conectores auxiliam na disposição lógica do pensamento de quem escreve e de quem lê ou ouve o texto.

A precisão e a concisão são alcançadas quando a linguagem comum e técnica são bem-articuladas, evitando a ambiguidade (entendimento dúbio de uma ideia); e isso é realizado com um mínimo de palavras.

Um fator importantíssimo no parágrafo jurídico é a **impessoalidade** (uso de terceira pessoa), a fim de que o texto passe a ideia de imparcialidade.

Quanto à tipologia, os parágrafos, assim como os textos, podem ser descritivos, narrativos ou dissertativos.

O **parágrafo narrativo** conta uma história verdadeira ou não; ele expõe um acontecimento e, para isso, deve haver pelo menos dois fatores primordiais: (i) participantes e (ii) fato; outros podem ser acrescentados, como: lugar, tempo, motivo e modo.

O **parágrafo descritivo** caracteriza com detalhes o objeto da explanação. Pode-se descrever uma pessoa, um ambiente, um fato, uma sensação ou uma definição quase sempre de forma subjetiva, pois é representada pelo emissor.

O **parágrafo dissertativo** apresenta uma tese. Para isso, deve-se ter uma ideia completa sobre o que se está relatando, um conhecimento e posicionamento sobre o assunto.

Detalharemos as tipologias textuais a seguir.

— 4.4 —
Modalidades de texto no português forense: dissertação, narração e descrição

Os textos são apresentados por meio de modalidades, também denominadas *tipologias textuais*. Os tipos de textos são determinados por sua organização e pela estrutura de sua composição, além dos aspectos lexicais, sintáticos e relações lógicas e semânticas.

Como aludimos, são basicamente três os tipos textuais: (i) narração, (ii) descrição e (iii) dissertação. Há, porém, subdivisões, conforme expresso nas Figuras 4.5 e 4.6.

Figura 4.5 – Tipos de texto e suas funções

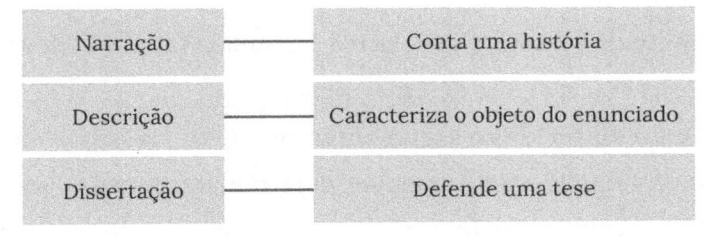

Narração	Conta uma história
Descrição	Caracteriza o objeto do enunciado
Dissertação	Defende uma tese

Figura 4.6 – Subdivisões da tipologia textual

```
                    ┌── Narrativo
                    │
                    ├── Descritivo
                    │                      ┌── Expositivo
Tipos de texto ─────┼── Dissertativo ──────┤
                    │                      └── Argumentativo
                    │                      ┌── Injuntivo
                    └── Explicativo ───────┤
                                           └── Prescritivo
```

Detalhamos cada um deles a seguir:

- **Texto narrativo** – Enuncia fatos que envolvem personagens, tempo e espaço.
- **Texto descritivo** – Enumera características de um ser, objeto, cena entre outros.
- **Texto dissertativo expositivo** – Enuncia fatos e dados sem expressar a defesa de uma opinião.
- **Texto dissertativo argumentativo** – Enuncia fatos e dados com a finalidade de defender determinado ponto de vista.
- **Texto explicativo injuntivo** – Expõe um assunto com a finalidade persuadir o destinatário com o propósito de que este realize determinada ação.
- **Texto explicativo prescritivo** – Expõe um assunto com a finalidade de persuadir o destinatário com o propósito de obrigar, exigir, ordenar ou impor determinada ação sem margens de alteração.

Um texto dificilmente é puro, isto é, ele normalmente é constituído de mais de tipo uma tipologia, o que pode ser analisado nos diferentes gêneros textuais.

Gênero textual é o resultado de várias padronizações de texto de acordo com suas características em relação a um contexto. São grupos de textos que apresentam algumas características comuns e são utilizados para situações similares (práticas sociais definidas). As petições não têm de ser iguais umas às outras naquilo que atina a seu conteúdo, porém elas têm características comuns no que respeita a seu formato e a seus elementos essenciais. O mesmo acontece com contratos, sentenças, despachos etc.

A seguir esquematizamos as especificidades de dois gêneros textuais e suas respectivas tipologias.

Figura 4.7 – Petição e contrato: exemplos de gêneros textuais jurídicos e suas tipologias

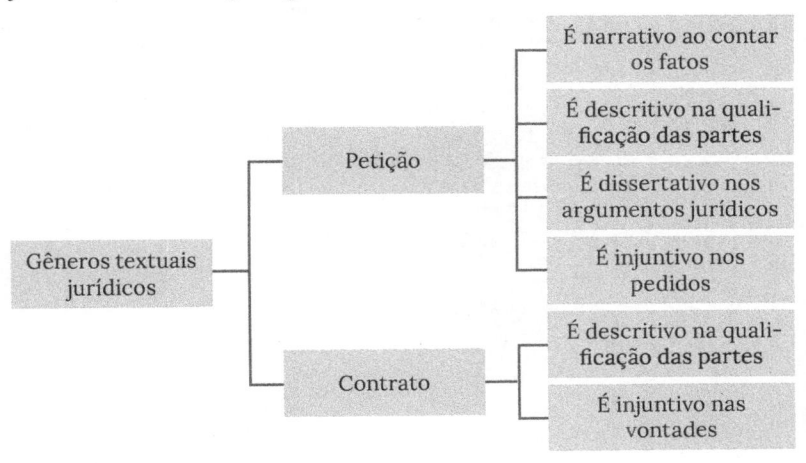

- Gêneros textuais jurídicos
  - Petição
    - É narrativo ao contar os fatos
    - É descritivo na qualificação das partes
    - É dissertativo nos argumentos jurídicos
    - É injuntivo nos pedidos
  - Contrato
    - É descritivo na qualificação das partes
    - É injuntivo nas vontades

4.4.1
Narração jurídica

A narração, de acordo com Othon Garcia (2012), é o relato de um evento que pode ser real ou fictício, e em sua composição há elementos indispensáveis como o fato ou o acontecimento e os personagens, os quais podem ser resumidos em duas questões: O quê? e Quem?.

Narrar é expor algo que aconteceu a alguém. Isso evidentemente sucedeu em algum lugar, de algum modo específico, por alguma razão e tendo surtido certo resultado. De tal modo, é possível considerar que a narração é um texto que visa responder certas seguintes perguntas, as quais estão reunidas da Figura 4.8.

Figura 4.8 – Elementos do texto narrativo

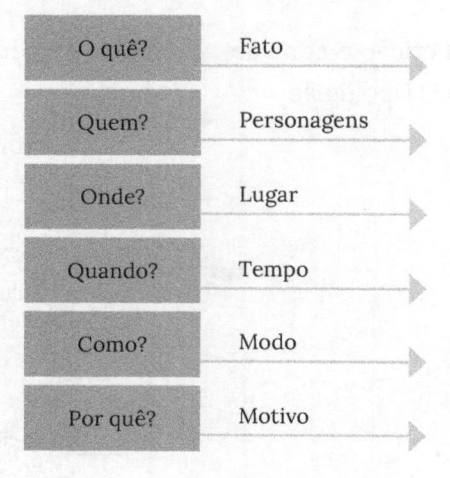

O quê?	Fato
Quem?	Personagens
Onde?	Lugar
Quando?	Tempo
Como?	Modo
Por quê?	Motivo

Sendo os personagens e o fato cogentes, como já mencionamos, há elementos fundantes para uma boa narrativa jurídica. Por exemplo, a sucessão temporal (ordenação cronológica dos fatos de forma cronológica), auxilia no entendimento de como o fato ocorreu, assim como o emprego do tempo passado, visto que se narra juridicamente o já ocorrido. Pode haver algumas previsões e, desse modo, usar-se o tempo futuro, mas basicamente o pretérito impera.

Ainda de acordo com Garcia (2012), há estágios progressivos no enredo. O primeiro deles é a exposição das circunstâncias da história, como tempo e lugar e quem dela participa. O seguinte é a **complicação**, que representa o conflito que causou o fato. O terceiro é o ápice da história, o **clímax**, o apogeu do fato. E o último é o **desfecho**, que apresenta a solução ou não do conflito.

Figura 4.9 – Estágios do enredo

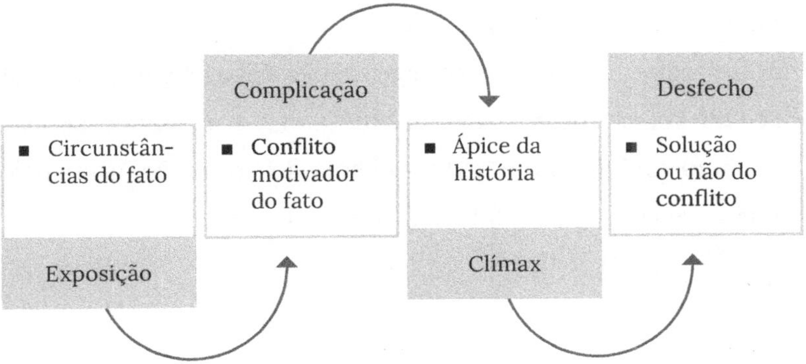

	Complicação		Desfecho
▪ Circunstâncias do fato	▪ Conflito motivador do fato	▪ Ápice da história	▪ Solução ou não do conflito
Exposição		Clímax	

Há, ainda, outros pontos a serem considerados: toda narrativa é permeada pelo ponto de vista do narrador (ou mesmo do autor). Isso significa que uma narração pode ser uma versão do fato e que poderá haver outra versões. No universo jurídico, há uma busca da veracidade do fato; afinal, cada parte procura sua "verdade", que pode ser diferente de outra. Daí a importância de a narrativa jurídica se aproximar o máximo possível do fato jurídico.

— 4.4.2 —
Descrição jurídica

A descrição é uma representação verbal de um objeto que é tema de um enunciado. Em um processo, ela permite caracterizar uma pessoa, um objeto, um ambiente ou fatos importantes.

Para descrever uma pessoa, um lugar ou um fato, são muito comuns o uso de adjetivos e de inferências de impressões sensoriais, tais como cores e formas) e o emprego de verbos de ligação. São recorrentes também as metáforas e as enumerações.

Como qualquer bom texto, a descrição é organizada em pelo menos três partes, conforme ilustra a Figura 4.10.

Figura 4.10 – Estrutura do texto descritivo

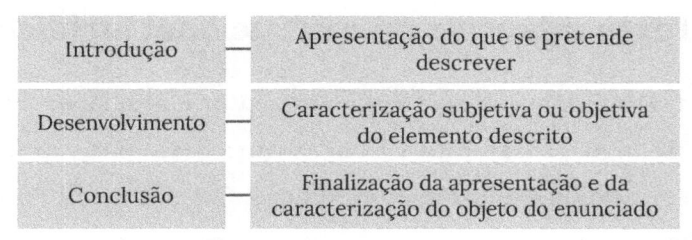

Introdução	Apresentação do que se pretende descrever
Desenvolvimento	Caracterização subjetiva ou objetiva do elemento descrito
Conclusão	Finalização da apresentação e da caracterização do objeto do enunciado

A descrição classifica-se da seguinte forma:

- **Descrição subjetiva** – A impressão pessoal do redator está presente; o texto é emotivo com uso da linguagem conotativa, de substantivos abstratos e adjetivos antepostos.
- **Descrição objetiva** – A impessoalidade é a marca desse tipo de descrição; ela busca ser exata e muito realista, com características concretas e físicas, sem atribuição de juízo de valor. O uso da linguagem denotativa é mais comum, a fim de aproximar o ser descrito à realidade.
- **Descrição estática** – Ação e movimento não são contemplados; registra-se somente o momento como em uma "fotografia".
- **Descrição dinâmica** – O movimento do ser descrito é evidenciado.
- **Descrição física** – Os traços físicos como altura, cor de olhos, cabelos e pele; ou de espaço como dimensões, objetos importantes predominam.
- **Descrição psicológica** – O perfil de comportamento do ser descrito, abrangendo hábitos, atitudes e expressões, é o foco.

— 4.4.3 —
Texto injuntivo ou instrucional jurídico

É o texto que busca persuadir o receptor e isso se dá com o uso da linguagem apelativa. Composições desse tipo exprimem ordem, pedido, sugestão e orientação. O emprego de formas verbais como o imperativo é bastante comum e não usa formas nominais de segunda pessoa.

— 4.4.4 —
Dissertação jurídica

A dissertação tem como característica primeira a defesa de uma tese mediante a exposição de uma opinião, que deve ser fundamentada em argumentos. Ela pode ser expositiva ou argumentativa (Quadro 4.7).

Quadro 4.7 – Classificação da dissertação

Dissertação	Expositiva	Objetiva
		Autor não defende sua opinião
		Explica as ideias
		Vocabulário preciso e denotativo
		Impessoalidade/imparcialidade
	Argumentativa	Subjetiva
		Autor defende sua opinião
		Vocabulário conotarivo
		Uso de modalizadores
		Pessoalidade

O texto dissertativo também deve ser organizado em pelo menos três parágrafos, distribuídos conforme mostra a Figura 4.11.

Figura 4.11 – Estrutura dissertativa

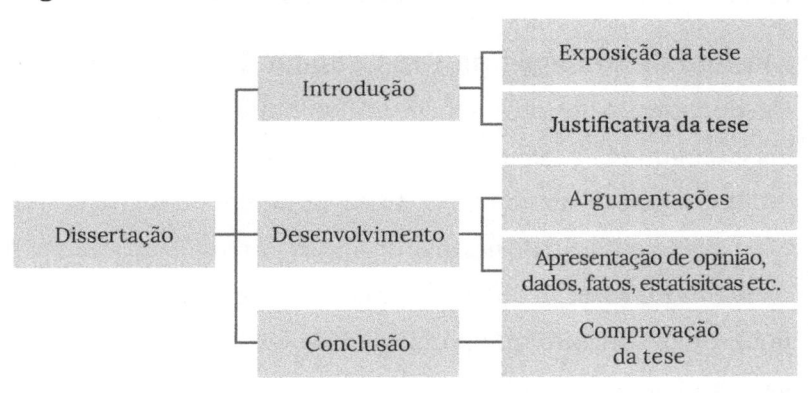

```
Dissertação ┬─ Introdução ────┬─ Exposição da tese
            │                 └─ Justificativa da tese
            │
            ├─ Desenvolvimento ┬─ Argumentações
            │                  └─ Apresentação de opinião,
            │                     dados, fatos, estatísitcas etc.
            │
            └─ Conclusão ────── Comprovação
                                da tese
```

Independentemente da tipologia utilizada, o texto deve ser claro, sempre com vistas à compreensão do receptor.

— 4.5 —
Elementos normativos

O texto jurídico, vale reafirmar, deve ser claro, sem rebuscamentos desnecessários e potencialmente confusos. Ele exige uso de elementos e termos técnicos, pois visa, por meio da persuasão, legitimar interesses. Entretanto, o mais importante em sua construção é ser compreensível, direto e lógico, mesmo considerando que seus interlocutores detêm conhecimentos de interpretação e aplicação da legislação.

Atualmente, com a universalização dos processos eletrônicos e na busca de maior eficácia jurídica, a linguagem adotada tem um caráter predominantemente operacional.

Manual de Redação da Presidência da República

Um documento que deve ser conhecido e utilizado com frequência é o *Manual de Redação da Presidência da República* (Brasil, 2018). Como seu nome revela, trata-se de uma publicação oficial para orientação de normas da língua portuguesa, principalmente na elaboração de textos de comunicação oficial. Todavia, pode e deve ser utilizado por sociedade cível, cidadãos, empresas e outros órgãos, sobretudo pelos operadores do direito, que representam oficialmente seus clientes. O objetivo principal desse documento é atualizar, uniformizar e simplificar a redação de atos oficiais.

Sugestão para consulta

BRASIL. Presidência da República. Casa Civil. **Manual de Redação da Presidência da República**. 3. ed. rev. atual. e ampl. Brasília: Presidência da República, 2018. Disponível em: <http://www4.planalto.gov.br/centrodeestudos/assuntos/manual-de-redacao-da-presidencia-da-republica/manual-de-redacao.pdf>. Acesso em: 16 abr. 2021.

Segundo o Manual, a linguagem técnica deve ser utilizada quando exigidas formalmente e tomando-se o cuidado de explicitá-la, garantindo o total entendimento (Brasil, 2018).

Artigo

A unidade básica de uma lei é o artigo. Sua abreviatura é *art.* e, como tal, não pode ser escrita no plural. Sua organização é numerada com ordinal até o artigo nono ("Art. 9º") e cardinal do décimo em diante ("Art. 10, Art. 11...").

A Lei Complementar n. 95, de 26 de fevereiro de 1998, indica em seu art. 7º, inciso I, que "cada lei tratará de um único objeto", isto é, cada artigo deve referir-se somente a uma temática, assunto ou princípio (Brasil, 1998). A mesma lei determina que "o agrupamento de artigos poderá constituir Subseções; o de Subseções, a Seção; o de Seções, o Capítulo; o de Capítulos, o Título; o de Títulos, o Livro e o de Livros, a Parte" (art. 10, V, Brasil, 1998).

O enunciado do artigo é denominado *caput* (deve ser pronunciado /cáputi/), que, por ser um termo estrangeiro, deve ser escrito destacadamente em negrito ou itálico. O texto do *caput* deve sempre ser iniciado com letra maiúscula e terminado com ponto final. Quando o enunciado do artigo se subdivide em incisos, o texto do *caput* termina em dois-ponto; as subdivisões, por sua vez, são separadas com ponto e vírgula, sendo a última terminada em ponto final.

Podemos observar tal uso em nossa Constituição Federal:

Exemplo: ─────────────────────────────

Art. 1º A República Federativa do Brasil, formada pela união indissolúvel dos Estados e Municípios e do Distrito Federal, constitui-se em Estado democrático de Direito e tem como fundamentos:

I – a soberania;

II – a cidadania;

III – a dignidade da pessoa humana;

IV – os valores sociais do trabalho e da livre iniciativa;

V – o pluralismo político.

Parágrafo único. Todo o poder emana do povo, que o exerce por meio de representantes eleitos ou diretamente, nos termos desta Constituição. (Brasil, 1988)

───────────────────────────────

O artigo, como no exemplo dado, pode apresentar divisões em parágrafos e/ou incisos. Todavia, também os parágrafos podem ter incisos ou alíneas. E os incisos se desdobram em alíneas.

Parágrafos

Os parágrafos são a divisão dos artigos. Neles há explicações e/ou modificações dos artigos, servindo para expressar aspectos complementares à norma. Quando há apenas um parágrafo em um artigo, usa-se a expressão "Parágrafo único" por extenso; quando há mais de um, ele é indicado pelo sinal gráfico § e é numerado com números ordinais até o nono e depois com cardinais, seguidos de ponto. A seguir, reproduzimos exemplos retirados da Constituição Federal:

Exemplo: ─────────────────────────────

Art. 9º É assegurado o Direito de greve, competindo aos trabalhadores decidir sobre a oportunidade de exercê-lo e sobre os interesses que devam por meio dele defender.

§ 1º A lei definirá os serviços ou atividades essenciais e disporá sobre o atendimento das necessidades inadiáveis da comunidade.

§ 2º Os abusos cometidos sujeitam os responsáveis às penas da lei. (Brasil, 1988)

─────────────────────────────

Usa-se o sinal gráfico duplo §§ quando se indica mais de um parágrafo:

Exemplo: ─────────────────────────────

§ 10. Aplica-se aos servidores a que se refere este artigo, e a seus pensionistas, o disposto no art. 40, §§ 4º e 5º.

─────────────────────────────

Um parágrafo encerra-se com ponto final.

Incisos

Os incisos são um desdobramento dos artigos ou dos parágrafos. Eles complementam o que está expresso na lei, consistindo em um elemento discriminativo e/ou enumerativo. Um inciso é antecedido por dois-pontos e tem a sequência marcada em números romanos seguidos de travessão; começa com letra minúscula e termina com ponto e vírgula, com exceção do último, que se encerra com ponto final.

Alíneas

As alíneas são subdivisões dos incisos. Elas são numeradas por letras minúsculas seguidas de parênteses. Como os incisos, o corpo do texto de uma alínea inicia-se com letra minúscula e termina com ponto e vírgula, e a última termina com ponto final.

Itens

Os itens, por sua vez, são os desdobramentos das alíneas, sendo indicados por algarismos arábicos.

Para exemplificar os elementos analisados, reproduzimos a seguir o art. 5º da Constituição Federal:

Quadro 4.8 – Análise dos elementos normativos

Art. 5º Todos são iguais perante a lei, sem distinção de qualquer natureza, garantindo-se aos brasileiros e aos estrangeiros residentes no País a inviolabilidade do Direito à vida, à liberdade, à igualdade, à segurança e à propriedade, nos termos seguintes: ⎱ 1

I – homens e mulheres são iguais em Direitos e obrigações, nos termos desta Constituição;

[...]

XXVIII – são assegurados, nos termos da lei: ⎱ 2

a) a proteção às participações individuais em obras coletivas e à reprodução da imagem e voz humanas, inclusive nas atividades desportivas;

b) o Direito de fiscalização do aproveitamento econômico das obras que criarem ou de que participarem aos criadores, aos intérpretes e às respectivas representações sindicais e associativas; ⎱ 3

[...] ⎱ 4

LXXVII – são gratuitas as ações de habeas corpus e habeas data, e, na forma da lei, os atos necessários ao exercício da cidadania.

§ 1º As normas definidoras dos Direitos e garantias fundamentais têm aplicação imediata.

§ 2º Os Direitos e garantias expressos nesta Constituição não excluem outros decorrentes do regime e dos princípios por ela adotados, ou dos tratados internacionais em que a República Federativa do Brasil seja parte. (Brasil, 1988) ⎱ 5

1. **Caput** encerrado com dois-pontos.
2. **Incisos** iniciados com números romanos.
3. **Alíneas** iniciadas com letras minúsculas.
4. [...] = supressões do texto original.
5. **Parágrafos** iniciados com §.

Existe uma orientação oficial quanto à escrita de números e percentuais em atos normativos: a Lei Complementar n. 95/1998 recomenda que números e percentuais sejam grafados por extenso, com exceção de datas (Brasil, 1998).

Com relação à alusão a uma norma em um texto escrito, é indicado que se use por extenso na primeira ocorrência e, nas seguintes, de forma reduzida. Por exemplo: Lei Complementar n. 95, de 26 de fevereiro de 1998 (primeira ocorrência); Lei Complementar n. 95, de 1998 (demais ocorrências).

Da mesma forma, no Manual de Redação da Presidência da República (Brasil, 2018), fica claro que um bom texto é aquele que é direto, com uso preciso de ideias e exposição concisa, não havendo necessidade de explicações desnecessárias e sem utilidade. Deve-se ter o cuidado com a precisão na linguagem técnica e na apresentação gráfica dos textos.

Nesse sentido, a respeito dos elementos de uma redação oficial, o Manual recomenda: "clareza e precisão; objetividade; concisão; coesão e coerência; impessoalidade; formalidade e padronização; e uso da norma padrão da Língua Portuguesa". (Brasil, 2018, p. 16)

O texto jurídico, assim como um texto oficial, deve seguir certas padronizações e formalidades, observando regras em sua forma tanto física ou digital quanto em sua construção textual. Também devem ser respeitadas as normas da língua portuguesa com uso do padrão culto do idioma.

Aqui, cabe destacar os impactos tecnológicos e a transformação dos textos jurídicos em digitais, principalmente diante dos processos judiciais eletrônicos, que vieram para facilitar os trâmites com grande economia de recursos e tempo.

Com os avanços da tecnologia da informação, o universo jurídico também foi operacionalizado, e o uso de plataformas digitais têm ajudado a agilizar o andamento processual. Não obstante, as normas da língua portuguesa precisam ser respeitadas e aplicadas, independentemente do suporte no qual os textos se apresentam.

Para finalizar esta seção, cabe ressaltar que o texto jurídico tem uma vasta gama de aplicabilidade, e todos esses escritos, sem dúvida nenhuma, devem apresentar presteza e qualidade. Nesse sentido, é importante que os operadores do direito conheçam as características, a utilização e a forma de escrever as diferentes peças. Apenas para exemplificar, especificamos a seguir alguns tipos de peça jurídica mais comuns:

- **Petição** – É um documento elaborado por um advogado que relata as pretensões de seu cliente. Nele, deve conter os dados do autor e réu, dos fatos, dos fundamentos jurídicos, o pedido, o valor da causa dependendo, obviamente, das peculiaridades do caso concreto.
- **Procuração** – É um documento em que uma pessoa, denominada no ato mandante ou outorgante, atribui poderes de

representação para outra, denominada *mandatário outorgado* ou *procurador*. Essa peça apresenta dados do outorgante e do outorgado tais como nome, endereço, ocupação, registro geral (RG), cadastro de pessoa física (CPF) e principalmente os poderes atribuídos, objetivos e descrição destes.

- **Contrato social** – É utilizado para a criação de sociedades limitadas de uma empresa, tendo como objetivo a determinação do estatuto e regras dos seus membros.
- **Contrato de trabalho** – É o documento em que se registra a relação entre contratante e contratados quando há entre as partes um vínculo trabalhista. Nesse documento jurídico, são registradas as obrigações funcionais e as obrigações das partes.

— 4.6 —
Coesão e coerência textuais

A coesão e a coerência textuais são mecanismos da construção do texto que conferem textualidade ao que é escrito. Elas transformam uma sequência de palavras em um todo organizado. Assim, o texto ganha sentido e se torna mais eficaz na transmissão da mensagem. Tais recursos dão harmonia à composição, fazendo com que a ideia posta seja mais natural e agradável ao receptor.

— 4.6.1 —
Coesão textual

Coeso significa "ligado", "relacionado". Um texto coeso é aquele em que as ideias expostas estão conectadas umas com as outras, tornado o escrito mais compreensível. Para que isso se estabeleça, é recomendado o uso de elementos coesivos, isto é, palavras ou expressões que relacionem as ideias.

Os elementos de coesão ligam as palavras e as frases, dão consistência às relações existentes entre as ideias expostas no texto. Alguns pronomes e conjunções contribuem para essa estratégia.

As **conjunções coordenativas** ligam orações com sentido independente. Elas se subdividem em:

- Aditivas – Somam ideias: *e, nem, mas também*.
- Adversativas – Apresentam oposição a uma ideia anterior: *mas, porém, contudo, todavia*.
- Alternativas – Mantêm uma relação de escolha: *ou... ou, ora... ora, quer... quer*.
- Conclusivas – Expressam um conclusão: *portanto, pois* (após o verbo), *logo*.
- Explicativas – escalarem uma ideia anteposta: *porque, que, pois* (antes do verbo).

As **conjunções subordinativas** ligam orações dependentes e podem ser de:

- causa: *já que, visto que, como, porque.*
- comparação: *assim como, mais... que, menos... que, tão/tanto... como.*
- concessão: *ainda que, mesmo que, conquanto, embora.*
- condição: *caso, desde que, a menos que, se, a não quer.*
- conformidade: *como, segundo, conforme.*
- consequência: *de modo que, tão/tanto... que.*
- finalidade: *a fim de que, para que.*
- proporcionalidade: *à proporção que, à medida que.*
- tempo: *logo que, mal, enquanto, assim que, quando.*

Os **pronomes relativos** também exercem a função de dar coesão ao texto. São eles:

- *Que* – É usado para demonstrar relação com o elemento que o precede.
- *Quem* – Sempre deve ser utilizado com uma preposição.
- *Cujo* – Indica posse e deve ser utilizado entre dois substantivos com os quais mantém concordância nominal.
- *Onde* – É empregado somente para indicar lugar.
- *Quanto* – Une-se a um pronome indefinido: *tudo, tanta, todo, todas.*
- *Quando* – Mantém uma relação de tempo.

Tipos de coesão textual

Há vários tipos de coesão textual, entre elas podemos citar:

- **Coesão por referência ou remissão** – A fim de não repetir palavras no texto, essa coesão busca termos que substituam outros já expressos. Utilizar palavras sinônimas que remetem a um termo já expresso é uma forma de referência. Quando há remissão para um termo posto adiante, chama-se *catáfora*, e a referência para um termo já expresso é chamada de *anáfora*. Ela pode acontecer por substituição (como um pronome por um substantivo utilizado). Isso evita a repetição do termo e cria uma relação.
- **Coesão por elipse** – Trata-se da omissão de um termo ou expressão já apresentado sem causar prejuízo à compreensão do enunciado.
- **Coesão por conjunção** – A conjunção liga orações e carrega nela um sentido.
- **Coesão lexical** – Consiste em retomar as ideias do texto com o uso de sinônimos, pronomes, hipônimos ou heterônimos expressões nominais definidas e nomes genéricos.

— 4.6.2 —
Coerência textual

Um texto não é composto simplesmente de frases e palavras; ele deve ser um todo organizado a fim de ser entendido pelo ouvinte ou leitor. A coerência está relacionada com a lógica entre seus segmentos, frases, orações, períodos, construindo, dessa forma, um texto com sentido.

A coerência é dividia em: (i) **local**, quando se refere a partes do texto, ou seja, à organização das frases em parte do texto; e (ii) **global**, quando é relativa ao texto em sua totalidade.

Os tipos de coerência são:

- **Coerência semântica** – Ocorre com o desenvolvimento lógico das ideias, com a relação de sentido entre as estruturas, entre significados dos elementos das frases em sequência. Um bom texto não pode ser contraditório.
- **Coerência sintática** – Envolve a estrutura linguística, a disposição dos termos da oração na ordem correta com o uso de conectivos e pronomes.
- **Coerência pragmática** – Envolve a sequência dos atos e das falas dentro do texto; vale-se da relação entre os interlocutores e o contexto da comunicação.
- **Coerência temática** – Emprega a relação dos temas desenvolvidos no texto, buscando ideias relevantes e coerentes com a temática.
- **Coerência estilística** – Está relacionada à padronização da variedade linguística utilizada no texto. De modo geral, não se deve misturar a linguagem coloquial com a padrão, por exemplo.
- **Coerência genérica** – Diz respeito à padronização do gênero textual utilizado, que deve estar de acordo com o conteúdo do enunciado.

Em suma, a coesão está relacionada com a semântica e a argumentação. A coerência nos textos jurídicos é primordial, visto que garante a unidade lógica e harmônica na frase. Assim, a coesão e a coerência são confluentes na construção de um texto em relação à sua estrutura e ao seu significado.

Para manter a coerência e a coesão textuais, existem algumas construções como a referência, a substituição, a elipse e o uso de conjunção, como já visto.

Outros recursos também são necessários na busca de um bom texto. Por isso, além do conhecimento linguístico, a situacionalidade, a informatividade, a intertextualidade e a intencionalidade precisam ser conhecidas e aplicadas.

Figura 4.12 – Textualidade

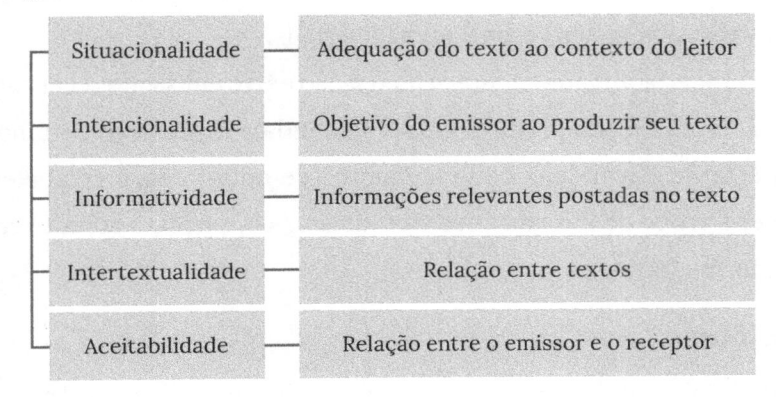

Situacionalidade	Adequação do texto ao contexto do leitor
Intencionalidade	Objetivo do emissor ao produzir seu texto
Informatividade	Informações relevantes postadas no texto
Intertextualidade	Relação entre textos
Aceitabilidade	Relação entre o emissor e o receptor

A **situacionalidade** refere-se à adequação do texto ao contexto. A produção textual deve estar conectada à situação, sendo, ao mesmo tempo, reflexo desta. Afinal, o emissor pertence a um universo e sua produção deve estar em consonância com ele, mostrando-se relevante para o contexto. Logo, os textos jurídicos devem ser produzidos tendo em vista a situação de uso e aos propósitos a que serve.

A **intencionalidade** discursiva refere-se ao propósito do emissor ao se comunicar, podendo este se manifestar de forma explícita, clara e fácil de ser entendida, ou de forma subliminar, exigindo do receptor mais atenção. Cabe ao produtor do texto buscar ser coerente o suficiente para convencer, impressionar e, principalmente, informar.

A **informatividade** acontece quando a mensagem contém informações significativas e relevantes à situação de uso. A informatividade está diretamente relacionada com a qualidade e a relevância das informações prestadas.

A **intertextualidade**, como já comentamos, é a relação entre textos, sejam eles verbais ou não verbais.

A **aceitabilidade** acontece na relação entre emissor e receptor, na busca de compreensão. Isso demanda a disposição de uma parte de ativar seus conhecimentos de mundo para estabelecer a troca de informações significativas e, assim, a comunicação se efetivar.

Síntese

Neste capítulo, demos continuidade à abordagem da narrativa jurídica e explicamos que o texto jurídico deve ser claro, conciso, simples e correto. Tratamos do vocabulário jurídico, da seleção vocabular, dos homônimos e dos parônimos. Analisamos alguns vícios de linguagem, entre eles o juridiquês, o latinismo, a prolixidade, os jargões e a redundância.

Em seguida, versamos sobre a semântica jurídica e os termos mais utilizados no universo forense, bem como alguns termos latinos. Assim o fizemos com a intenção de aproximar o leitor do uso mais preciso da língua portuguesa.

Também apresentamos a construção do texto jurídico e a organização em parágrafos e, consequentemente, as modalidades de textos no português forense. Analisamos a narração, a descrição, e as dissertações expositiva e argumentativa. Para finalizar o capítulo, contemplamos dois elementos fundamentais na elaboração de textos: a coerência e a coesão.

Considerações finais

O cenário contemporâneo exige uma comunicação clara, coesa, articulada, precisa e eficiente. Não há como negar que os profissionais da área jurídica que detêm a habilidade comunicacional têm maiores probabilidades de atingir seus objetivos.

Reconhecendo tal fato, buscamos, nesta obra, analisar o uso da palavra como instrumento básico da boa argumentação, além de oferecer fundamentos do uso da lógica jurídica voltada para a realidade. Examinamos a prática da interação entre os seres humanos por meio da linguagem verbal e não verbal permeada de intencionalidade. Também abordamos a teoria da comunicação como processo de relações entre os seres humanos.

A lógica foi apresentada como subsídio para a construção de verdades e não verdades sobre a realidade. Além disso, mostramos seu papel na busca do convencimento.

Destacamos a importância da reflexão, da criticidade e da utilização da língua padrão em situações formais. Para tal, dedicamos um capítulo para o português jurídico como subsídio de pesquisa e análise do uso correto da língua. Isso porque os conhecimentos referentes ao padrão da língua culta são fundamentais para a elaboração, a apresentação e a defesa de teses. Também salientamos a estrutura do texto jurídico, bem como o vocabulário e a semântica forenses.

Encerramos esta obra não com a sensação de que tudo tenha sido abordado; pelo contrário, finalizamos este trabalho com o desejo de despertar no leitor a vontade de conhecer mais e de ser um eterno estudante da argumentação jurídica, da lógica e da língua portuguesa.

Referências

ALEXY, R. **Teoria da argumentação jurídica**: a teoria do discurso racional como teoria da justificação jurídica. Tradução de Zilda H. S. Silva. São Paulo: Landy, 2005.

ATIENZA, M. **Curso de argumentação jurídica**. Tradução de Claudia Roesler. Curitiba: Alteridade, 2017.

ARISTÓTELES. **A arte retórica e a arte poética**. São Paulo: Difusão Europeia, 1982.

ARISTÓTELES. **Órganon**: categorias, da interpretação, analíticos anteriores, analíticos posteriores, tópicos, refutações sofísticas. Tradução, textos adicionais e notas de Edson Bini. Bauru (SP): Edipro, 2005.

ATAÍDE JUNIOR, V. P. O hábito de ler. **Tribuna**. 3 dez. 2004. Opinião. Disponível em: <https://tribunapr.uol.com.br/blogs/opiniao/o-habito-de-ler/>. acesso em: 8 abr. 2021.

ATAÍDE JUNIOR, V. P. Os desafios do ensino jurídico. OAB Paraná. 12 out. 2004. Disponível em: <https://www.oabpr.org.br/os-desafios-do-ensino-juridico/>. Acesso em: 8 abr. 2021.

BAKHTIN, M. Os gêneros do discurso. In: BAKHTIN, M. **Estética da criação verbal**. Tradução de Maria Ermantina Galvão Gomes e Pereira. São Paulo: Martins Fontes, 1992.

BAKHTIN, M. M. (VOLOSHINOV, V. N.). **Marxismo e filosofia da linguagem**. Tradução de Michel Lahud e Yara Frateschi Veira. 10. ed. São Paulo, Hucitec, 2002.

BELLENGER, L. **A persuasão e suas técnicas**. Tradução de Waltensir Dutra. Rio de Janeiro: Jorge Zahar Editor, 1987.

BISSOLI FILHO, F. **Linguagem e criminalização**: a constitutividade da sentença penal condenatória. 606 f. Tese (Doutorado em Direito) – Universidade Federal do Paraná, Curitiba, 2009. v. 1. Disponível em:<https://acervodigital.ufpr.br/bitstream/handle/1884/19570/TESE;jsessionid=FF2511340F54959B06966165A9A07804?sequence=1>. Acesso em: 12 abr. 2021.

BRASIL. Constituição (1988). **Diário Oficial da União**, Brasília, DF, 5 out. 1988. Disponível em: <http://www.planalto.gov.br/ccivil_03/constituicao/constituicao.htm>. Acesso em: 23 fev. 2021.

BRASIL. Lei n. 9.099, de 26 de setembro de 1995. **Diário Oficial da União**, Poder Legislativo, Brasília, DF, 27 set. 1995. Disponível em: <http://www.planalto.gov.br/ccivil_03/leis/L9099.htm>. Acesso em: 16 abr. 2021.

BRASIL. Lei Complementar n. 95, de 26 de fevereiro de 1998. **Diário Oficial da União**, Poder Executivo, Brasília, DF, 27 fev. 1998. Disponível em: <http://www.planalto.gov.br/ccivil_03/Leis/LCP/Lcp95.htm>. Acesso em: 16 abr. 2021.

BRASIL. Presidência da República. Casa Civil. **Manual de Redação da Presidência da República**. 3. ed. rev. atual. e ampl. Brasília: Presidência da República, 2018. Disponível em: <http://www4.planalto.gov.br/centrodeestudos/assuntos/manual-de-redacao-da-presidencia-da-republica/manual-de-redacao.pdf>. Acesso em: 16 abr. 2021.

CASTILHO, A. T.; CASTILHO, C. M. M de. Advérbios modalizadores. In: ILARI, Rodolfo (Org.). **Gramática do português falado**. 2. ed. Campinas: Ed. da Unicamp, 1993. v. II.

CÂMARA JÚNIOR, J. M. **Princípios de linguística em geral**. 4. ed. Rio de Janeiro: Acadêmica, 1970.

CARVALHO, P. B. **Direito tributário**: linguagem e método. São Paulo: Noeses, 2008.

COELHO, F. U. **Roteiro de lógica jurídica**. 6. ed. São Paulo: Saraiva, 2009.

COSTA, M. T. A. **Júris simulados literários**: uma prática de sucesso na formação do operador do direito. 26 mar. 2012. Disponível em: <http://www.educadores.diaadia.pr.gov.br/arquivos/File/2010/artigos_teses/LinguaPortuguesa/artigos/Artigo_Estacio_Meg_Juri.pdf>. Acesso em: 8 abr. 2021.

COSTA, M. T. A. **Projetos transdisciplinares**: uma possibilidade de educação científico tecnológica e sócio-histórica para os que vivem do trabalho. 23 ago. 2013. Disponível em: <http://www.educadores.diaadia.pr.gov.br/modules/mydownloads_01/viewcat.php?cid=90&orderby=ratingD>. Acesso em: 23 fev. 2021.

CHAUÍ, M. **Convite à filosofia**. São Paulo: Ática, 2004.

DICIO. Dicionário on-line: Disponível em: <https://www.dicio.com.br/>. Acesso em: 9 abr. 2021.

FARACO, C. A. **Norma culta brasileira**: desatando alguns nós. São Paulo: Parábola Editorial, 2008.

FOUCAULT, M. **A arqueologia do saber**. Tradução de Luiz Felipe Baeta Neves. Rio de Janeiro: Forense Universitária, 1986.

GARCIA, O. M. **Comunicação em prosa moderna**. 18. ed. Rio de Janeiro: FGV, 2012.

HEGEL, G. W. F. **Princípios da filosofia do direito**. São Paulo: M. Fontes, 2000.

JAKOBSON, R. **Linguística e comunicação**. São Paulo: Cultrix, 2008.

KELSEN, H. **Teoria geral das normas**. Porto Alegre: Sérgio Fabris, 1986.

KELSEN, H. **Teoria pura do direito**. 6. ed. São Paulo: M. Fontes, 1999.

KLEINMAN, P. **Tudo que você precisa saber sobre filosofia**: de Platão e Sócrates até a ética e metafísica – o livro essencial sobre o pensamento humano. Tradução de Cristina Sant'Anna. São Paulo: Gente, 2014.

LEIBNIZ, G. W. **Discurso de metafísica e outros textos**. Tradução de Marilena Chauí e Alexandre da Cruz Bonilha. São Paulo: M. Fontes, 2004.

MAIA, R. D. **O conceito de identidade na filosofia e nos atos de linguagem**. 142 f. Dissertação (Mestrado em Linguística) – Universidade Federal de São Carlos, São Carlos, 2008. Disponível em: <https://repositorio.ufscar.br/bitstream/handle/ufscar/5661/1723.pdf?sequence=1&isAllowed=y>. Acesso em: 13 abr. 2021.

MICHAELIS. Dicionário on-line. Disponível em: <http://michaelis.uol.com.br/>. Acesso em: 9 abr. 2021.

NEVES FILHO, E. F.; RUI, M. L. **Elementos de lógica**. Pelotas: Nepfil Online, 2016. (Série Dissertatio de Filosofia).

PERELMAN, C. **Lógica jurídica**: nova retórica. São Paulo: M. Fontes, 2004.

PETRI, M. J. C. **Manual de linguagem jurídica**. São Paulo: Saraiva, 2017.

REALE, M. **Filosofia do direito**. 19. ed. São Paulo: Saraiva, 1999.

REALE, M. **Variações sobre a dialética**. Disponível em <http://www.miguelreale.com.br/artigos/vdialetica.htm>. Acesso em: 13 abr. 2021.

SAUSSURE, F. **Curso de linguística geral**. 34. ed. São Paulo: Cultrix, 2012.

SICHES, L. R. **Tratado general de filosofia del derecho**. México: Porrua, 1959.

SILVA, F. G. da. **O não pré-verbal no português brasileiro**. Pau dos Ferros, RN, 2020. 200 f. Tese (Doutorado em Letras) – Universidade do Estado do Rio Grande do Norte, Natal, 2020. Disponível em: <http://www.uern.br/controledepaginas/defendidas-em-2020_/arquivos/6182tese_francisco_gomes_versa%C6%92o_final.pdf>. Acesso em: 14 abr. 2021.

Sobre a autora

Margarete Terezinha de Andrade Costa é mestra em Educação pela Universidade Federal do Paraná (UFPR) na área de Educação e Trabalho. Especialista em psicopedagogia clínica e institucional pela Faculdade de Artes do Paraná (FAP) e em Magistério pelo Instituto Brasileiro de Pós-Graduação e Extensão (IBPEX). Graduada em Letras Português/Inglês e em Pedagogia pela Pontifícia Universidade Católica do Paraná (PUCPR), em Marketing pela Faculdade Estácio de Curitiba e em Filosofia e Sociologia pelo Centro Universitário Internacional Uninter. Tem formação Docente para o EAD também pelo Centro Universitário Internacional Uninter.

Funcionária aposentada pela Secretaria de Educação do Estado do Paraná, na qual atuou como pedagoga e professora em sala de aula por 28 anos. Professora de graduação e pós-graduação nas diferentes modalidades de ensino. Professora *ad hoc* nos cursos de pós-graduação nas modalidades presencial, semipresencial e a distância.

Publicou livros na área da educação, tais como: Os *desafios e as superações na construção coletiva: Projeto Político Pedagógico* (IBPEX); *Legislação e políticas públicas para a diversidade* (Iesde); *Introdução à psicopedagogia* (Iesde); *Formação para a diversidade* (Iesde); *Metodologia de ensino da educação especial* (Iesde); *Tecnologia assistiva: uma prática para a promoção dos direitos humanos* (InterSaberes). Pela Faculdade São Braz, escreveu as seguintes obras: *A escolarização de estudantes com AHSD*; *Políticas públicas para a educação em tempo integral*; *Documentação pedagógica: investigação e encaminhamento na educação infantil*; e *Pesquisa e prática pesquisa e prática dos anos iniciais do ensino fundamental*. Organizadora da obra *Direito e sociedade: o paradigma do acesso à justiça"* (Ponto Vital).

Atua como pesquisadora na área de Língua Portuguesa, Transdisciplinaridade, Experiência Pedagógica, Altas Habilidades/Superdotação e Teoria do Discurso.

Os papéis utilizados neste livro, certificados por instituições ambientais competentes, são recicláveis, provenientes de fontes renováveis e, portanto, um meio responsável e natural de informação e conhecimento.

FSC
www.fsc.org
MISTO
Papel produzido
a partir de
fontes responsáveis
FSC® C103535

Impressão: Reproset
Fevereiro/2023